Ce genre de choses

Jean Rochefort

Ce genre de choses

Stock

Couverture Atelier Didier Thimonier
Photo de couverture : © Jean-Marc Lubrano

ISBN 978-2-234-07013-4

À Jean, Marc, Roberts
Un nom de prénoms
Un nom d'enfance

À Françoise,
dont les cheveux toujours nagent sur les épaules,
avant et après que bibliquement je l'eus connue.

À mes enfants, Marie, Julien, Pierre,
Louise, Clémence.
À leurs enfants, Suzanne, Paul, Soren…

AVANT-PROPOS

C'est Harold Pinter, cet ami Nobel, compagnon du whisky, qui, dans son théâtre et dans sa vie, écrivait ou disait souvent : « Ce genre de choses. »

« Elle a six ans et demi, elle court dans un pré où il y a des coquelicots, en cueille un, s'aperçoit que sur sa tige il y a comme des petits poils, elle éclate de rire, ce genre de choses. »

« Elle voulait le quitter, ne le supportait plus, ses colères, son égoïsme, elle prend en hâte quelques affaires, ouvre la porte, court presque dans l'escalier, il la rattrape et dans l'escalier la pousse, elle se relève et repart en courant. Lui s'appuie sur la rambarde et pleure, ce genre de choses. »

Je raconte cela à Vincent Delerm, cet amoureux de l'écoute. Après un moment de réflexion, il est deux heures du matin : « *Ce genre de choses,* ce sera le titre du livre… », dit-il.

*

« Je suis la petite-fille d'un dictateur vénézuélien », dit-elle dès notre première rencontre, me voilà rassuré. Tout sera en ordre.

Je me plais à imaginer un groupe de jeunes et beaux officiers, d'uniformes blancs vêtus, dague d'apparat à la hanche gauche, poitrine côté cœur couverte de médailles, et la petite-fille en tête.

Je les vois fusillant mes adverbes excessifs, torturant jusqu'à l'aveu mes participes présents. Elle dit : « Je m'appelle Eugénie, bien sûr. Poumaillou-Ibarra, évidemment. » « Je suis belle, n'est-ce pas ? » interroge son regard. D'un regard j'acquiesce !

Nous n'avons que cinquante-cinq ans de différence, différence idéale, il faut me croire. Notre complicité fut immédiate. Son savoir au kilogramme s'avérera époustouflant. Nos fous rires seront les mêmes.

Un an, tous les jours, déjeuners compris, sans l'ombre d'une ombre. Paternel parfois, entre deux problèmes de syntaxe, je soufflais sur les nuages nostalgiques de ses amours post-adolescentes.

Quatre saisons ensemble, rassurez-vous, chers parents, bien évidemment sans l'être. Toutes les saisons.

Le bouquin est fini, on est tristes.

Mais heureusement, on se voit c't'aprèm pour régler des petits trucs, des hommages, des remerciements, notamment à Édouard Baer qui nous a enchaînés, ce genre de choses…

Eugénie, bien sûr. Eugénie évidemment.

Embryon, j'espérais que ma mère ferait une fausse couche.

Dans ma onzième année, le maréchal Pétain me pince raisonnablement un lobe d'oreille.
Je joue trop près de lui avec une balle en mousse couleur rouille.

Passent quelques décennies, une star mondialement célèbre plaque avec une autorité surprenante et en dehors des heures de travail ses lèvres sur les miennes, m'imposant ainsi un contact buccal qui s'avérera de qualité. Mme Rochefort était présente.

Belmondo signe autographe sur autographe. Apitoyé, on m'en demande un.

Pour en rire et par dérision, je signe « De Funès ». Rapidement, autour de moi, on se presse, je persiste et signe « De Funès », puis l'amour-propre m'envahit et, courageusement, je décide d'utiliser mon patronyme.

Le récipiendaire : « Qui c'est ça, Rochefort ?

– C'est moi.

– Soyez gentil, signez "De Funès". »

Quand je vois mes amis morts interpréter des drames, je pleure. Quand je les vois dans des films drôles, je ris.

C'est la démarche qui compte, il faut presser le pas, en tentant de montrer à une centaine d'étudiants parqués derrière des barrières la position exacte des aiguilles de ma montre-bracelet. Position d'aiguilles qui m'interdit de rallier leur mouvement, si sympathique, auquel j'adhère, mais pour l'heure mes activités d'acteur en quelque sorte free-lance m'empêchent de rater un rendez-vous important.

Dans ces circonstances, surtout ne pas faire l'économie de mimiques adéquates, les cris chaleureux et gratifiants de « Rochefort, avec nous ! » permettant un sourire large, mais modeste.

Mon pas peut alors s'accélérer, les « Avec nous ! Avec nous ! » s'éteignent, faisant naître chez moi l'ombre légère d'une culpabilité rapidement recouverte par un « ouf » libérateur.

Quand il y a des manifestants derrière des barrières, il y a des CRS devant les barrières. Je traverse la rue, et me voici face à un groupe de rudes gaillards caparaçonnés qui me demandent fort aimablement de faire avec eux une photo de groupe.

Si le ton est aimable, leur apparence de plus, rend le refus impossible. À l'instar de mon maître Jules Renard, « n'écoutant que [m]on courage qui ne [me] disait rien », j'obtempère immédiatement.

Au centre, j'étreins les deux gladiateurs les plus proches de moi, et à l'injonction « Cheese » j'opte pour un sourire genre « Avec des gars comme ça, l'avenir est à nous ! »

De l'autre côté, doucement d'abord, puis de plus en plus fort, la gente estudiantine gronde. Moi qui me pique agréablement de jeunisme archéologique, me voilà à jamais brisé.

Dans le grondement de la jeunesse, je décrypte « Rochefort, salaud ! », « Rochefort, fumier ! », et un cri de ralliement s'organise : en solo, une interrogation : « Qu'est-ce que Rochefort ? », réponse du groupe : « C'est de la merde ! »

Pensant m'amender, je quitte hâtivement les gladiateurs avec une mimique précise : « Ah ! ces sacrés gosses ! » Le grondement augmente, devient infernal, j'essaie de minimiser ma fuite en esquissant deux ou trois pas au milieu de ma course.

Je n'ai pas de rendez-vous et, oisif, j'achète plus loin un journal.

Bord de Marne, sous le ponton de Beretro, sans se regarder, Yolande et moi entremêlons nos jambes, nous voici pieuvres d'eau douce, hélas quadropodes. Yolande, seize ans, ses jambes m'enserrent, ou s'immiscent, ose, la première, me regarder, regard furtif, constat de son pouvoir. L'ère des garçons asservis et ivres de l'être, commence ce jour chez Beretro, bord de Marne, « Allô, allô, tous à l'eau chez Beretro » !

Les Monique, Brigitte, Yolande, Nadine, Catherine, et Christiane, pour la première fois sont revêtues d'un bikini ! De séduisantes, les voilà sculpturales, maillots deux pièces, nombrils politiquement, largement apparents.

Nous, garçons, sommes au bord du vertige, comme nous allons aimer l'amour ! Comme nous allons aimer les filles désormais victorieuses, pour toujours nos égales, nous, pauvres garçons aux slips tricotés par nos mères attendries, slips dont les mailles s'écartèlent au contact de l'eau, s'écartèlent sous nos pulsions infantiles. Devant nos copines dorénavant si femmes, si belles, si nues, si désirables, nous nous prosternons.

Et Yolande, amazone furieuse, exige mon regard, puis, à coups de pied, écarte mes cuisses pour y lover les nôtres. Elle a 16 ans, je viens de naître.

L'atoll de Bikini c'est beau, le sable, les palmiers, vacancier en quelque sorte.

Ce jour-là une caméra immortalise la scène.

Le gouverneur dit : « Êtes-vous prêts à sacrifier vos îles pour le bien de l'humanité ? »

Le roi de Bikini, pas contrariant du tout, répond : « Tout est dans les mains de Dieu. »

Le gouverneur américain des îlots du Pacifique rétorque : « Si tout est dans les mains de Dieu, c'est forcément bien. »

On n'oubliera pas d'évacuer les originaires, pas comme à Nagasaki ou à Hiroshima, ne pas confondre ! Là-bas, au Japon, on s'était fait la main, et puis on était en guerre ! Peut-être pas pour la marchande de poisson, la marchande de fruits et légumes, ni le tailleur, ni la coiffeuse, on n'avait prévenu personne de crainte que ça ne marche pas, ça a marché.

Pour les « trainings » dans le Pacifique ce fut plus ludique : la première bombe, sur l'atoll de Bikini, était de couleur jaune, on avait peint sur celle-ci la sublime Rita Hayworth, star mondiale. *Gilda* son triomphe (ça sera le nom de la bombe, soyons ludiques), *La Dame de Shanghai*, etc.

Femme d'Orson Welles puis de l'Aga Khan, maîtresse de Pedro Estrada, dictateur et grand-père d'Eugénie, un CV irréprochable, un honneur pour le monde du spectacle.

Mais Rita Hayworth, on n'avait pas jugé bon de la prévenir. Simple pourtant : « Chère madame, vous serez représentée sur la première bombe atomique testée sur l'atoll de Bikini. Vous y apparaîtrez en maillot deux pièces noir, nombril non apparent. Veuillez agréer, etc. » Oui simple. Pourtant elle en prit ombrage pour le moins, n'avait-elle pas dit dans une interview : « Notre espèce est cruelle. » ? Alors...

Elle est morte folle dans un asile d'aliénés, alcoolique oubliée par tous, il est possible que *Gilda*-la bombe y soit pour quelque chose. Y en a, je vous jure !

Trois atolls disparaîtront du globe pendant les « trainings » qui avaient pour but premier d'impressionner l'Union Soviétique, ils avaient été alliés, et puis ils ne l'étaient plus, mais plus du tout cette fois. Ça arrive. Une guerre, dite froide, à nouveau nous menaçait.

Parallèlement, en France, Louis Réard, gaullien convaincu, n'ayant pas oublié que de Gaulle n'avait pas été convié à la conférence de Yalta où il était bon de se partager le monde, Louis Réard comprend ici qu'il est indispensable que la France participe à ce grand mouvement d'intimidation, fomenté par les États-Unis contre l'Union Soviétique.

Il décide alors courageusement, et sans hésiter pour ce faire, de créer un nouveau maillot deux pièces, slip et soutien-gorge autonomes, nombril apparent, qui sera vendu dans une boîte d'allumettes dites de cuisine, sous le nom opportun de bikini, « la première bombe anatomique ».

Stupéfaction mondiale, Louis Réard le Gaullien, fait savoir ainsi que grâce à son deux pièces nombril apparent, la France, bannie de Yalta, enfin existera !

Dans le monde les querelles vont bon train, de méchantes langues affirment que la France n'y est pour rien et que Louis Réard a pompé son

« bikini » sur une fresque découverte dans une villa romaine du Casale connue depuis l'Antiquité.

Mauvaise foi évidente, faisons taire les ragots destructeurs, aimons et honorons notre pays, punissons ceux qui nous salissent.

Car évidemment, et de toute évidence, ces jeunes filles soulevant gracieusement des haltères et jouant au ballon en deux pièces nombril apparent, sont des clientes impatientes de Louis Réard, très certainement parisiennes, passant un week-end à Deauville en 1946, la morphologie de ces jeunes femmes, l'audace des maillots en sont la preuve incontestable.

Comme tout événement d'importance l'invention de Réard le gaullien, déclencha rêves et fureur. Plusieurs nations ridiculement l'interdirent, et même en France des parents réactionnaires firent retentir aux oreilles de leurs adolescentes désespérées le tour de clef de leur chambre, les condamnant à réviser juillet-août, plutôt que de s'exhiber à poil sur les plages.

Ici, introduisons une parenthèse majeure : le gaullien Réard avait parfaitement conscience de venger de Gaulle, exclu de la conférence de

Yalta, par son maillot deux pièces nombril apparent, alors que vous, chère Rita, pacifiste engagée, déjà détruite par l'utilisation de votre image à des fins belliqueuses intitulées « pour le bien de l'humanité », vous fûtes ignorante de l'attendue révolution générationnelle qu'engendra votre apparition sur la bombe.

Il y eut donc un troisième facteur Rita Hayworth, qui en France fit florès et qui, si vous aviez été encore parmi nous, vous aurait écarté du désespoir.

À vous, cher et inventif Louis Réard, d'apprendre que notre génération, celle des 15, 20 ans, qui n'avait, avant vous, participé à rien, vit dans l'avènement de la bombe anatomique son étendard, ce mouvement déjà s'amorçait avec l'accord sincère et à la fois, ô combien stimulant des garçons ! Sans le nombril apparent, notre génération aurait perpétué l'enlisement d'avant la guerre ! Pour les filles : la soupière, le ragoût, le droit de vote pour les femmes en France venait juste d'être obtenu, ne l'oublions pas.

Cette nouvelle guerre, ce sont nos copines qui la gagnèrent, les 15, 16, 17, 18 ans, nos amazones guerrières comptaient aussi dans leur troupe des mères lucides et nostalgiques, toutes comprirent qu'elles étaient là devant un enjeu primordial :

obtenir par le truchement du deux pièces autonomes, une considération sociale et égale à celle des garçons.

Séduire pour s'imposer, ô la belle guerre ! Le beau combat ! Merci à Louis Réard, gaullien. Merci à Rita, tragique ignorante de notre victoire dont elle fut l'égérie !

Le combat gagné est d'importance, un bonheur possible est à nos portes, bonheur alors ? Rêve réalisé ?

Mais d'autres temps arrivent. Le bikini et le nucléaire, presque jumeaux, prirent place dans notre quotidien, l'un source de vie, l'autre prétendant l'être.

Mygales géantes, huit yeux, emmurées dans des réacteurs, cinquante-huit pour notre douce France, oui, emmurées dans dix-neuf centrales nucléaires, guettent dans leurs prisons de béton l'infiltration, la moindre fêlure pour uriner en abondance, elles sont si grandes les mygales huit yeux. Elles urinent le césium 137, friand de terre, et voilà nos radis, nos endives, nos abricots et nos rhubarbes sous césium 137.

Les fissures ont commencé, au Japon les centres touristiques imposent les bords de mer, en saisir l'erreur viendra plus tard. Il y aura aussi

des hurluberlus sur les nerfs, propriétaires consé-
quents de drones, amoureux des mygales à huit
yeux, perles des collectionneurs, qui s'empresse-
ront de les libérer à l'aide des bombes classiques,
lâchées de 20 000 mètres d'altitude.

Y en a, hein, y en a, j'te jure !

Des singes d'Éthiopie, triangle nu violacé érotique sur la poitrine, repoussent leurs filles quand celles-ci s'offrent à eux, rejetant violemment l'inceste.

Avertissement au lecteur : dans le cas de figure présenté, on peut ne pas être d'accord. Entrent en ligne de compte les rapports au père, à la mère, à l'éducation dans son ensemble, aux influences géographiques – un habitant de Gstaad grelottant dehors en hiver ne réagira pas comme un Cannois au mois d'août dans les circonstances évoquées ci-dessous.

Il s'agit de considérer à froid l'importance négative ou positive d'une fellation hétérosexuelle excédant six minutes, dans le dernier tiers d'un film en sélection officielle au festival de Cannes.

Au préalable, je me dois de préciser trois ou quatre facteurs qui me semblent importants :

A) Pour les membres du jury, la projection a eu lieu le matin.

B) L'actrice, dans la situation qui nous concerne, doit, tout en assumant la fellation, poursuivre un monologue d'au moins six minutes comme indiqué plus haut. L'impétrante, n'ayant incontestablement pas eu de formation classique, fait preuve ici, circonstances considérées, d'une diction déplorable[1].

C) Le titre du film impliqué est *The Brown Bunny*, mise en scène, scénario, interprétation de Vincent Gallo.

D) Rochefort est membre du jury.

Venons à lui après la projection, à la recherche d'une objectivité cartésienne et pragmatique qu'il juge indispensable, il estime qu'afin d'analyser au plus près les motivations de ladite scène, il a besoin de solitude, il déjeunera donc seul et frugalement.

Premièrement, question essentielle à ses yeux d'où découleront les analyses suivantes : l'ego du scénariste, metteur en scène et acteur de *The Brown Bunny* n'est-il pas par trop turgescent ? A-t-il choisi d'interpréter lui-même le personnage principal masculin afin de réaliser une autobiographie partielle ? Ou s'est-il attribué ce rôle

1. Au Conservatoire, nous devions lire, crayon à papier de gros calibre en bouche, *Britannicus* ou *Cinna* à nos maîtres, qui n'admettaient pas la moindre inaudition.

pour des raisons budgétaires bien compréhensibles ? Ou encore pour des raisons personnelles infiniment plus obscures qui ne sauraient être de notre ressort ?

Poursuivant sa quête, Rochefort doit admettre qu'en ce qui le concerne les scènes « olé olé » à l'écran le laissent indifférent ou légèrement « barbouillé », à moins qu'il ne soit partie prenante.

En commandant le plat principal, Rochefort penche de plus en plus en faveur de l'utilité de la séquence fellationniste, persuadé, cette fois, que le scénariste, acteur et metteur en scène de l'œuvre a voulu dans le monologue en partie – volontairement ? – inaudible, introduire quelques éclaircissements sur les nombreuses obscurités, peut-être indispensables, du scénario.

Le plat principal arrive, pourquoi ne serait-ce pas un cassoulet de pingouin, puisque le monde est fou, puisque folle est la vie, puisque le couple du film *The Brown Bunny* s'assied à la table voisine ?

À Rochefort de trouver alors rapidement une attitude, à Rochefort de siffloter « Happy Birthday, Mister President » en fixant le plafond, à Rochefort de commander une banane pour l'actrice, exigeant d'elle un replay du monologue en ingérant, mais avec lenteur, le fruit phallique afin que, cette fois-ci, il n'en perde plus un seul mot.

À lui de jurer sur la tête de ses proches qu'il ne sera plus jamais membre d'un jury, qu'il n'ira plus jamais au cinéma, qu'il n'en achètera plus jamais les *Cahiers*.

Et à cet instant, les yeux embués, il décide d'acquérir un petit chien qu'il promènera inlassablement sur les bords de Seine.

« Puisque je vous dis que j'ai tourné un film avec Totò.

– Avec Totò ? C'est pas possible !

– Mais si, avec Sandra Milo, qui était de gauche, et Totò "Il Principe", qui ne l'était pas.

– Totò et Sandra Milo, ça alors !

– Et chaque fois que Totò m'entretenait sur l'Italie de droite, Sandra Milo pétait. Un pet de gauche, bruyant, ample, olfactivement partageur. »

À chaque pet, Totò, prince de Constantinople, s'écriait de toutes ses dernières forces : « Signor Roccaforte, che vergogna ! Che vergogna ! Veramente, che vergogna ! »

Cher Totò !

Devenu presque aveugle, chaque fois que je prenais une cigarette, Il Principe, toujours prévenant, se levait, allumait son somptueux briquet, et me brûlait l'oreille.

Cher Totò !

Nous tournâmes en sous-bois quelques scènes où nous marchions précipitamment, je le tenais par son bouton de manchette afin qu'il ne prenne pas une branche en plein visage, incident qu'il aurait transformé immédiatement en mimique tragico-hilarante, incriminant la gauche d'avoir rabattu la branche à bon escient. Le clown était un prince, le prince était un clown, il n'y a que l'Italie pour engendrer des individus antinomiques avec cette désinvolture.

Quand le prince devait tourner, les assistants se ruaient vers son siège, amorçant force révérences « Principe, prego », et le rituel s'enclenchait : Sandra Milo, témoin partial de cette servilité, libérait alors une grappe de pets de gauche, d'une portée peut-être inégalée, faisant systématiquement fuir les jeunes assistants vers des bosquets en fleurs. Le prince, également alerté olfactivement, se levait, essayait de me situer, tentait de percer la nuit qui déjà voulait l'entourer, afin de lancer son cri par lequel l'Italie entière présenterait ses excuses : « Signor Roccaforte, veramente, che vergogna ! »

Mais le metteur en scène, tendance gauche, interrompait le prince en criant « Azione », et, dans l'instant, le voilà clown, souriant amoureusement à Sandra Milo, son épouse (ou la mienne, j'ai oublié).

Oui, clown hilarant et triste, prince outré et déçu, car l'ordre de Malte, dont il rêvait d'être fait chevalier, lui refusait cette joie ultime, le règlement de l'ordre n'admettant pas qu'un de ses membres puisse avoir exercé la profession de « buffone ». Le prince en était affecté et m'en avait fait part. Devant sa tristesse, j'eus le réflexe de conclure : « Che vergogna pour l'ordre... de Malte, prince ! » Il me sourit, un sourire à emporter dans ses bagages.

Ce jour-là, ayant suivi notre conversation, Sandra Milo imposa silence à son sphincter, peut-être par complicité corporatiste, peut-être espérant que les infâmes règlements de l'ordre de Malte feraient du prince un homme de gauche.

Il y eut comme un apaisement, comme un bonheur d'être ensemble.

L'heure étant venue, Il Principe Totò demanda aux assistants qu'on fasse venir chauffeur et limousine. Cette demande agressivement de droite ne déclencha curieusement, et à ma grande surprise, qu'un pet timide, presque affectueux.

Alors que le protocole m'imposait de vaquer afin qu'Il Principe puisse, la limousine se mettant en mouvement, baisser rituellement sa vitre arrière pour me hurler : « Scusi ancora per la giornata, signor Roccaforte ! », quelle ne fut pas notre surprise d'entendre ce soir-là, un beau soir rouge comme seule l'Italie sait les peindre, un délicat « Buona notte a tutti » murmuré par le prince.

Eh oui, j'ai tourné avec Sandra Milo et Totò, j'interprétais un cavalier émérite ayant des problèmes de prostate.

Le premier jour de tournage, je suis censé être malade, alité, ma prostate devenant encombrante, Sandra Milo traverse la chambre, s'empare d'une petite bouteille contenant les urines du cavalier émérite que j'interprète, et dit, après l'avoir examinée longuement : « Ma, veramente filamentosa ! » Sandra Milo s'exécuta avec le talent naturaliste qui la caractérise.

« Va bene, ne facciamo un'altra subito ! » dit le metteur en scène.

Nous fîmes donc deux prises, c'est tout, mes deux premières, et j'obtins un sourire chaleureux de Sandra Milo en échange du mien. Elle ne péta pas ? J'étais bien.

Mon contrat était de huit semaines.

Aller en boîte avec Sartre. Nos amoureuses jouent la même pièce. Après la représentation, il faut se détendre. Nos amoureuses grignotent, nous les regardons grignoter, nous parlons de choses et d'autres.

La gaudriole va bon train avec Sartre, il faut prendre du bon temps, il ne faut pas désespérer Billancourt, de plus, il est sur un nouveau coup, Jean-Paul, c'est vrai qu'il a l'option politique un peu fouineuse.

Comme lui et d'autres furent navrants envers Camus après sa mort subite !

Comment admettre un philosophe à l'évidence charnellement de gauche, joueur de pétanque et de foot !

Dangereusement unique, dangereusement indispensable...

Il n'y avait dans la carlingue que des poules en cage Belmondo et moi. Et l'hôtesse de l'air : un petit garçon de 12 ans en haillons. C'est lui qui fermera la porte à l'aide d'une ficelle usée dont le nœud, très lâche, permettra d'entrevoir les paysages survolés. Nous sommes à très basse altitude. Au bruit du moteur de la RAN, d'un arbre, une foule d'oiseaux de bonne taille prend son envol.

BELMONDO, *somnolant* : « Qu'est-ce que c'est que ça ? »

ROCHEFORT : « Des perroquets. Dors ! »

BELMONDO : « Comment ça des perroquets ? »

ROCHEFORT : « Ben oui, des perroquets ! T'occupe, dors ! »

Trente-sept heures d'avions divers en 1960 pour aller au Népal, trente-sept heures ! Le dernier que nous prîmes était de la compagnie RAN, la Royal Air Nepal.

Il s'endort, Belmondo. Il n'a jamais été très compliqué. Il voit un vol de perroquets alors qu'il habite Denfert-Rochereau, on lui dit de dormir, il s'endort. En voyage c'est pratique.

Encore quatre ou cinq heures en compagnie des poules et de leurs fientes, si Belmondo dort, moi je compte les ratés du moteur de la RAN, cent dix-huit... cent dix-neuf... cent vingt... Y en a qui ont le sommeil léger, de petits doutes, des angoisses, d'autres qui n'ont pas confiance, qui ne seront jamais vedettes. J'entends encore Belmondo à Orly avant qu'on ne parte : « Philippe de Broca t'a dit qu'on allait voler au-dessus de Katmandou accrochés à un hélicoptère ? » Je pense que mon « Ah bon ! » fut trop aigu pour être viril, je pense également que si mon cerveau, sous le choc ressenti, n'avait pas perdu l'adresse de mon 150 m^2 sur cour, j'aurais quitté in petto l'aéroport d'Orly.

Cent vingt-sept... Cent vingt-huit... Ah çà ! Nous entamons la descente, le pilote vient réveiller l'« hôtesse de l'air » à coups de pied dans le cul. J'espère qu'ils ont le pilotage automatique. Belmondo dort. Sensation de solitude.

Le soleil se couche, plein hublot, il est rouge comme une crête de poule. Nous atterrissons comme on tombe. À notre gauche, des montagnes.

BELMONDO, *un peu étonné quand même* : « Qu'est-ce que c'est que ça ? »

ROCHEFORT : « L'Himalaya. On est arrivés. »

Mnouchkine, notre producteur, est là. Mnouchkine le magnifique, accablé quand tout va bien, hilare face aux catastrophes, Mnouchkine le russe quoi ! Mnouchkine et son accent qui se prêtait si bien à ses réactions cyclothymiques réversibles. Comme je l'aimais !

Revenons au pied de l'Himalaya. Les poules, surprises, se réveillent. Mnouchkine nous accueille, il fait... froid. Le soleil toujours sanguin se couche lentement derrière les montagnes, il n'est pas tard mais les montagnes sont hautes, huit mille mètres et quelques, il faut lever la tête.

Mnouchkine désigne d'un bras historique toutes ces splendeurs et hurle : « RRReggardez ! RRReggardez ! Et en plus, je vous paye ! »

Dès le lendemain nous comprîmes pourquoi nous avions voyagé avec des gallinacés : il n'y avait rien à bouffer à Katmandou en 1960.

Un mois plus tard à Hongkong, pour le même film, j'entre dans la salle de régie. Mnouchkine est là, derrière son bureau. Il me regarde, il est sinistre : « Pourquoi vous me faites la gueule, Sania ?

– À tout hazzzard ! »

Comme je l'aimais cet homme !

Sachez ici qu'impavide est la jument quand l'étalon la pénètre, impavide et pourtant nous n'ignorons pas que la verge de celui-ci est digne d'estime lorsqu'elle sort de son fourreau. Les juments sont-elles insensibles à Éros ? « J'étais victime d'Éros ! Éros qui fait trembler même les petits oiseaux. » Coetzee, prix Nobel.

Il me faut briller encore, amis : les juments sont dépourvues des muscles faciaux qui nous permettraient de décrypter chez elles les tsunamis du plaisir, les vagues bouleversantes qui, selon une confidence, avaient fait murmurer une jeune femme qu'un de mes amis honorait : « C'est pas possible, ils sont plusieurs. » Ah, le beau constat ! Oh, la somptueuse mise en confiance. Mon ami, bouleversé, réussit ensuite tout ce qu'il entreprit, de la belote coinchée à la Formule 1.

Darwin est au courant, il y a des manques, des erreurs, des oublis. C'est pourtant beau, les partages.

Hélas, les juments n'ont que leurs yeux pour nous transmettre le message.

Tandis que l'étalon, ivre de plaisir, mord brutalement la crinière de l'honorée, celle-ci, au monde impénétrable, semble somnoler.

Nos belles juments, les baies brunes, les alezanes au crin lavé, les rouannes et les isabelles, sont-elles à nos yeux surpris les Buster Keaton de l'étreinte ?[1]

---

1. Texte paru dans *Le Monde* du 5 août 2012.

Vingt-six prises ! On se quitte sans se dire au revoir. Mes partenaires sont énervants, je n'aurais peut-être pas dû faire ce film. Nous avons commencé il y a trois semaines, on m'avait dit que Camille était odieuse, c'est vrai.

Enfin chez moi.

« Comme tu es pâle, mon chéri ! Tu as mauvaise mine ! Maintenant tu devrais exiger qu'on te maquille quand tu tournes !

– Je suis maquillé, ma chérie. »

Calder, cent trente kilos, un mètre quatre-vingt-dix, Triumph TR3 bleu ciel, comment fait-il pour entrer et sortir de cette petite automobile ?

Marielle, lui, une Panhard et Levassor, imposante et sans soupapes, avec vases à l'arrière où l'on pouvait disposer des roses en petit nombre.

Moi, une MG TF 1500 avec phares incorporés dans les ailes, noire, capote beige, intérieur cuir vert. La voiture de mes rêves.

La même que lui, l'amant de la femme que j'aimais et dont j'étais l'amant.

Du tweed graisseux à la petite voiture anglaise, je voulais être lui.

Lui, pensionnaire à plein temps à Auschwitz, puis assis au bar chez Castel à Saint-Germain, où la femme que nous aimerons, croisant son regard, sans perdre de temps, s'évanouit.

Dix ans plus tard, mon intrusion dans leurs amours fut discrète mais il y eut de mauvaises langues.

L'amant de la femme que j'aimais demanda à me voir, rendez-vous chez Prunier, il commanda discrètement des ormeaux. Je m'assis face à lui, le choix du vin blanc me fit admettre que cet homme aux yeux verts serait définitivement mon devenir, nous parlions peu, cela ne nous gênait pas. Nous évitâmes l'un et l'autre l'insolence du rire, j'évitai de regarder ailleurs quand il régla l'addition.

Il avait vingt-cinq ans de plus que moi, je venais de province, après quelques années à Paris je me sentais moins seul – des copains certes, des amis bien sûr –, mais ici, pour la première fois, j'allais devenir le double de celui que je voulais être.

Nous dînions tous les deux une fois par mois, il était architecte. À force d'être beau et passionnant, il était beau et passionnant. Il m'emmenait sur ses chantiers. Il lui fallait construire des HLM, il en fit des cités de sorbets, framboise, mangue, lavande. Des hangars cerise. Des commissariats de police en chocolat. Ses rues n'existaient pas encore, ce n'était que de la gadoue, j'aimais m'y promener ; il y avait dans son œuvre comme une nécessité de gaieté, comme une enfance rattrapée coûte que coûte qui m'enchantait. J'étais fier du talent de l'amant de la femme que j'aimais. Comme un fils, je m'offusquais des lazzis qu'engendraient ses ouvrages. Il souriait quand il me sentait offusqué.

Il ne faudrait pas imaginer une amitié graveleuse, il y avait une distance, un respect de l'autre qui étaient de bon aloi.

Avec elle, j'allais chez Chanel, pensant à lui, je rôdais autour des vitrines d'Old England, ma paye dans la poche.

L'évanouissement chez Castel avait quinze ans, notre trio en avait cinq. Les dîners mensuels que nous nous accordions lui et moi apportaient leur quota de pudeur et d'affection, nous ne nous rencontrions jamais ailleurs que sur quelques-uns de ses chantiers.

Un jour cependant, dans Paris, nous nous entrevîmes, plus jeune, je fuis le premier.

Elle, subtilement, ignorait la situation.

Mais il faut bien qu'un jour j'apporte à l'impromptu un livre de la Pléiade dont elle voulait faire usage au plus vite. Désespoir, dans le lit, un autre homme est pris sur le vif. Je l'identifie, il veut s'excuser, engager une conversation. « Taisez-vous ! lui dis-je. Pour moi, vous êtes et serez toujours la madone des sleepings. » On

47

peut s'exprimer ainsi quand on a 26 ans, qu'on souffre, et qu'on sort du Conservatoire.

Le lendemain, la femme que j'aimais encore la veille me demandera pardon au téléphone, m'assurera qu'elle ne recommencerait pas. Mes 26 ans m'aidèrent à rire de cet amant impossible, trop à la recherche du bon goût pour n'être pas vulgaire. Suffisamment vulgaire pour être avant tout flatté d'être devenu l'amant de la femme que nous aimions. Trop vulgaire pour faire partie des nôtres.

Comment dîner tous les trois ?

Il n'accepterait pas nos silences, et nous n'accepterions pas l'idée de leurs étreintes. Pas question qu'il entre avec nous chez Prunier avec son foulard à pois blancs, pas question de supporter son arrogance auprès du personnel, nous qui commandions ormeaux et pouilly-fuissé dans un murmure.

Sans elle, je le perdais, il me fallait revivre.

Mes amis s'en chargèrent. Ils n'ignoraient pas que M. Ymonet, grand maître des carburateurs Paris-Banlieue, en avait seul le pouvoir.

Envahi de reconnaissance, les yeux humides, j'admire la Triumph TR3, la Panhard et Levassor, la MG TF 1500, côte à côte, capots ouverts, moteurs tournants, soumis à la clef de douze de

M. Ymonet qui, dans un silence absolu hors le bruit des moteurs, est à la recherche de ce feulement timide qui distingue les grands accordeurs des petits manieurs de clef de douze.

Calder, pour une fois immobile, à l'écoute, ferme les yeux.

Les feulements timides obtenus, les capots refermés, Marielle ordonne :

« Déjeunons à Nogent-le-Rotrou, ils ont du pouilly-fuissé et ils ont reçu des ormeaux.

– Pourquoi tu dis ça ?

– J'ai téléphoné. »

Bruits somptueux des moteurs. La chienne de M. Ymonet, comme pour un au revoir, assise sur le bord du trottoir, patte gauche dans le caniveau, à l'aide de sa patte droite se masturbe.

Avec tendresse M. Ymonet nous avertit : « Regardez, messieurs, elle part pour le grand voyage ! »

Accélération des moteurs au point mort, passage souple en première, départ onctueux de la Triumph TR3, de la Panhard et Levassor et de la MG TF 1500 pour Nogent-le-Rotrou.

Rafiu King enchaîne uppercut gauche et crochet droit, c'est un génie ! Tout ce qu'il entreprend sur un ring est imprévu, il crée en boxant.

Ramos accuse nettement l'enchaînement, gauche/droite, le gong le sauve, enfin c'est notre avis. Nous commentons pendant que les soigneurs l'entourent, la serviette dans la cuvette remplie d'eau, la vaseline sur les arcades.

N'oublions pas que Ramos est également un grand boxeur, c'est ça les soirées du Palais des Sports. Rien que le nom nous faisait rêver, le Palais des Sports n'était pas n'importe quoi, tant s'en fallait, il y avait des combats extraordinaires comme ce soir.

Rafiu King a une culotte noire, il l'a toujours eue, et Ramos une culotte jaune. Le gong à nouveau, et le combat reprend.

Notre voisin du dessus, solitaire, visage glabre, encourage Ramos d'une voix morne : « Vas-y, l'jaune ! » Nous sommes friands de ces personnages qui hantent les salles de boxe, mes copains et moi. Celui-ci ne cherche pas à être entendu, sa voix est froide, calme, et monotone : « Vas-y, l'jaune ! »

Il nous intrigue, nous fait rire, mais de moins en moins quand nous réalisons qu'il dit sur le même ton « Vas-y, l'jaune ! » toutes les quinze secondes.

L'un de nous, excédé : « Eh oh ! ça va comme ça, non ! »

Notre voisin du sixième rang, nous sommes au cinquième, persévère : « Ta gueule ! Vas-y, l'jaune ! »

Des situations comme celles-ci participaient au plaisir que nous éprouvions en nous rendant au Palais des Sports. C'est Belmondo qui nous avait initiés, Marielle et moi, aux joies de la boxe. Rafiu King a gagné aux points, la revanche aura lieu dans six mois.

Françoise Sagan demande à Jean-Pierre de tourner à droite : « Je voudrais voir les étangs de Hollande, la nuit va tomber, nous sommes en novembre. » Surpris, inquiet, il obtempère. Françoise sort de la Dauphine jaune de Jean-Pierre et en referme la portière, ce bruit sec, colérique comme une branche cassée au milieu du silence provoque un vol de mouettes, quelques hérons dissimulés dans les roseaux inscrivent dans l'espace un cercle paresseux, puis de nouveau redeviennent hérons de porcelaine, des corbeaux de mauvais augure s'envolent et croassent. Françoise éprouve un petit désespoir, elle pense au souffle ouaté, sécurisant, qu'aurait offert son Aston Martin dans les mêmes circonstances.

Le calme revenu, elle s'appuie contre un arbre, un chêne.

En bord d'eau, deux ou trois pédalos moisissent. Françoise, faisant du chêne un oreiller, fixe les draps de feuilles mortes, s'absente.

Pour elle seule le soleil, une petite foule au bord de l'étang, des cris, des rires, un dialogue.

« Non, Charlène, plus maintenant, il est trop tard, nous reviendrons.

– Oh, maman... »

Relever la tête, c'est tomber dans un puits, c'est se noyer. Françoise relève la tête, tombe dans un puits, s'y noie.

Jean-Pierre sort de sa Dauphine jaune, en referme la portière, même réaction ornithologique. Il rejoint Françoise de son pas westernien. Un silence, puis Françoise dans un souffle :

« C'est un bon endroit pour une rupture. »

Elle quitte l'arbre. C'est une Dauphine, et elle est jaune. Une journée chiennerie !

Vouloir monter et jouer, Marielle et moi, une pièce de Sagan, il nous faut la lire devant elle.

« Marielle passera vous prendre, il a une Dauphine jaune. Disons... chez moi. »

Cambrousse, pluie, gadoue.

« Je vous en prie. »

Elle entre dans ma « fermette ». À l'intérieur tout me semble plus hideux encore. C'est elle, c'est Françoise, elle engendre la nécessité du luxe discret, du beau entrevu, de l'élégance masquée.

Merde, qui est-ce qui a foutu ces coussins en provenance de l'Europe de l'Est sur mon fauteuil, ce fauteuil qui, lui, avait quelques prétentions ! Je constate chez Marielle et moi un mal-être dont il faudra tenir compte. J'en tiens compte.

Philippe Noiret et Monique Chaumette, sa femme, accablés par mes intérieurs nomades, m'ont confié, deux jours auparavant, qu'un coffre de taille imposante en bois d'outre-mer, à leur adorable et généreuse instigation, me serait livré dans les plus brefs délais, et merde encore ! Il n'est pas là. Les déménageurs sont en retard, si le coffre avait été présent, j'aurais marqué quelques points de considération auprès de Françoise et, ignominieusement, dans mon mal-être, j'incrimine les Noiret et les déménageurs.

C'est elle-même qui lira sa pièce ! Nous qui voulions lui en soumettre le ton, la persuader de nous en confier les droits, stratégie à vau-l'eau, nous l'écouterons donc.

La diction de Françoise s'inspire de la langue à clics des Xhosas et d'un brouillamini qui laisse à peine sa bouche s'entrouvrir.

La lecture sera longue, deux heures !

Marielle et moi fixons les stupides tomettes que, dans un élan rural et incompétent, j'ai fait poser dans la pièce « principale ». Pourquoi devons-nous fixer les tomettes ? Si nos regards se croisent, Marielle et moi, nos nerfs, notre logistique simpliste, l'idiome de Françoise, notre complicité déjà ancienne, et enfin notre tendresse – rarement déçue – pour notre goût de l'échec… Si nos regards se croisent, il nous faudra fuir, afin de dissimuler des éclats de rire bêtas, nerveux, choisir la gadoue du jardin, fuir les tomettes, respirer tous les deux, seuls. Ça serait alors, dans la pièce « principale », ombre fragile, une Françoise Sagan soulagée de la disparition provisoire de deux benêts, un peu middle class, deux braves garçons a priori ineptes.

Ah, quelle journée ! Sans débattre, sans questions, terrorisés par la peur du rire. Un moment de rien, trop jeunes pour, d'une voix autoritaire, affirmer : « On ne vous comprend pas Françoise, ou si peu », une chiennerie de journée ! Plus tard, peut-être.

Nous n'eûmes plus jamais de nouvelles de l'auteur.

« Tournez à droite, s'il vous plaît, je voudrais voir les étangs de Hollande, la nuit va tomber nous sommes en novembre. » Surpris, inquiet, il obtempère.

Seule une trentaine de cheveux fort longs disposés dans le sens des aiguilles d'une montre tentent vainement de recouvrir le crâne d'un éleveur de chevaux, natif de Normandie, au nez rouge et veineux.

À Saint-Lô, c'est le jour de la présentation des étalons de 3 ans, et cela en fait plus de vingt que je suis assidûment présent.

Cette année-là, Célestin aux trente cheveux : « Dis-moi, Rochefort, je t'ai vu à la télé, j'savais pas que tu faisais du cinéma ! »

J'implose de bonheur, être des leurs, admis enfin !

ROCHEFORT : « Ah nom dan daounette [Ah nom de Dieu !], viens-tu donc prendre une bolée. »

CÉLESTIN : « Minnant [maintenant] ? Il fait pas jour, il est 8 heures ! »

ROCHEFORT : « Viens, je te dis, j'suis bien aise aujourd'hui, d'ici que j'trouve un bon étalon pour ma téfine ! »

CÉLESTIN : « Qu'a toujours le dos bien dré [droit] ? »

ROCHEFORT : « Tout dré, Célestin, comme avant. »

CÉLESTIN : « Eh ben ! »

Rien, la vie, pas de caméra.

Dans un hôtel à Montréal, je tombe sur Bruno. Bruno Cremer fume un cigare, boit un whisky corsé, les glaçons dans leur verre tintinnabulent, ça fait cinéma, on rigole.

Très élégant comme toujours quoi qu'il porte. Il impose à son verre de whisky corsé un sens giratoire, il se fait rire. Je l'accompagne en regardant les glaçons faire du karting.

Nous sommes de l'autre côté de l'océan, son rire n'est pas que gai. C'est lui, c'est Cremer, son rire toujours est dérisoire. Un instant, il est OSS 117 de l'autre côté de l'Atlantique.

Normal, l'hôtel est luxueux, nous sommes sur le toit, au bord de la piscine j'étends mes jambes, et un instant, à mon tour, je deviens Clint Eastwood. Cette manie d'être, « On serait », ce petit spleen rigolard, récréation fulgurante, alors que nous sévissons tous deux dans deux nanars d'outre-Atlantique.

Bruno, l'ami du Conservatoire, m'a toujours intimidé, sa voix, son regard, ses amitiés timides, il parle peu, il écoute, écrit ses mémoires très prématurément, de sa naissance à ses 20 ans, alors qu'il n'en a que 40, et c'est magnifique. Bien sûr, il n'en parle jamais.

Schœndœrffer, lui, ne pouvait pas l'ignorer. *La 317ᵉ Section*, ce chef-d'œuvre où, avec Jacques Perrin, ils sont inoubliables. Sortant de la projection, mes copains et moi lui promettons tous les avenirs.

Trop petit pour lui, l'Hexagone lui suggère de changer son nez. Il est en colère cette fois. Puis les *Noce blanche*. Vanessa Paradis, presque enfant, et Bruno, toujours Cremer.

Le théâtre trop rarement.

Puis Simenon, Maigret, Cremer.

Cremer presque wellesien, massif. Il est si juste dans ce rôle, si vrai, que la caméra parfois dérange.

Bientôt je reverrai tous les *Maigret* puisque je ne le vois plus, il s'est entouré de brouillard, comme s'il était mort. Non, je rigole !

Plaisons-nous à imaginer l'administrateur du Living Theatre en costume cravate avec Jean Vilar dans la fournaise avignonnaise. Indéniablement ils discutent, ils ont chaud. Ça n'aurait pas été le cas de Julian Beck, inspirateur et grand patron du Living, il est toujours à poil. On est en 1968.

Jean Vilar est à l'écoute, austère et sensuel, excellent mixte pour notre corporation, exemple Ingmar Bergman.

De loin on palabre toujours.

Jean Vilar a invité, en 1968, le Living Theatre à Avignon, idée audacieuse et forte, le Living et 1968 sont spécifiquement conjoncturels !

Mais l'administrateur du Living Theatre, costume cravate toujours dans la fournaise avignonnaise, exige auprès de Vilar que le Living Theatre ne soit en aucun cas rétribué pour sa prestation. Vilar, à son tour, proteste, il ne peut en aucun cas, administrativement, ne pas rétribuer le Living. Vilar était de surcroît, si mes souvenirs sont bons, très sensible au respect de ce qui est établi, donné ou prêté...

Je le revois, et à l'époque je le trouvais ridicule, et vingt ans après, je l'en admirais encore plus. Oui je le revois après la représentation, crayon sur l'oreille, petit carnet noir Moleskine en main, comptant les rendus, pourpoints et bottines des prestataires.

Donc il ne cède pas, « vous serez rétribués, à vous de faire ce que bon vous semblera de vos honoraires ».

Le Living insiste de son côté, éthiquement ou publicitairement, que sais-je ?

Jusqu'à Paris les bruits courent, la calomnie, Monsieur, est en route. Nous sommes en 1968 et Vilar s'opposerait à la programmation du Living Theatre au festival d'Avignon alors que c'est lui qui l'a invité ? La calomnie, Monsieur !

Pas de victimes en 1968 ? Une, Vilar, il va mourir.

Constatant avec désespoir devant certains l'inanité de ses enthousiasmes, il souffre, s'étiole, et meurt.

Il a soixante ans, il lui restait tant à faire. La calomnie, Monsieur !

Pour beaucoup, dont moi, hors le chagrin, le perdre c'était reculer, c'était perdre nos rêves et nos motivations. Pour beaucoup, dont moi, il avait trouvé le chemin d'un théâtre au service de tous, d'un théâtre nécessaire.

Le temps passe, pensant à lui, je jouerai au théâtre d'Aubervilliers un Robert Macaire, mélodrame a priori savoureux et populaire.

Curieuse ambiance, actrices peu gratifiées par la nature, culminant de un mètre quatre-vingt-quinze à un mètre quarante, gallinacées sur scène, fientards et caqueteurs pendant les scènes d'amour. Étrange.

En face du théâtre, il suffit de traverser la rue, je n'hésite pas à attaquer mon budget en entrant dans une boutique de « charcuterie volailles » tenue par une petite dame délicieusement boulotte qui me vend tous les jours une cuisse de poulet que je consommerai avant les répétitions longues, inquiétantes, ennuyeuses.

Je faisais déjà du cinématographe, ce qui me rendait urbainement reconnaissable.

Un soir, la délicieuse potelée m'interpelle : « Mais que faites-vous donc à Aubervilliers tous les jours ?

– Chère Madame, je vais jouer dans votre théâtre ! »

On me renvoie un « Ah bon » froid, fade, sans couleur, il me met mal à l'aise, elle n'est pas concernée. Un choc. J'ai envie de sortir, je ne sais plus ce que je fais là : « Je vous dois combien, Madame ? » Je règle et je sors. J'hésite presque, il me suffirait de ne pas traverser la rue.

Et voici la première !

Les gallinacées font un triomphe, les partenaires féminines culminant entre un mètre quatre-vingt-quinze et un mètre quarante, peu gratifiantes pour Éros, déclenchent des rires nauséabonds. Les rires ne sont pas d'ici, ce sont des rires élégants et encanaillés. Et dehors on s'esclaffe : « On aurait dû venir en autobus, ça aurait été encore plus marrant ! » Anéanti, je constate que le théâtre d'Aubervilliers n'est pas à Aubervilliers pour les Albertivillariens. Subventionné pourtant !

Je croyais qu'il était fait pour arracher les habitants d'Aubervilliers aux prime times emmurés, au pop-corn grossissant, au spectacle… j'allais écrire « abêtissant », mais n'ayant jamais vu un clébard rester longtemps devant la télé, je m'abstiens.

Surtout qu'à l'époque, le prime time était spécifiquement berlusconien, grâce à un de nos politiques qui était allé planter l'antenne de cette chaîne sur la tour Eiffel pour des raisons culturelles, tout peut arriver.

Il y a trente ans de cela.

Ah mes amis ! La berlusconienne ! Fallait voir ça ! Elle fut rapidement, hélas, en tête des prime times.

Normal alors que nous, à Aubervilliers, nous jouions pour des happy few, « bobos » de l'époque, à Aubervilliers, pour eux, chez la canaille.

Oh la honte, amis, la honte ! J'étais malheureux.

Il est bien difficile maintenant pour moi d'interpeller, de donner des conseils. Je crains de passer pour un vieux réac rhumatisant, mais je fonce, je m'inquiète.

Je rêve encore de ce théâtre pour tous et partout. Partout donc aussi pour ceux que nous avons laissés entrer sans avoir su les accueillir.

À vous d'y réfléchir, pas trop de théâtre laboratoire, pas trop de relectures, sachons donner le goût, il faut du génie pour être capable de « relire » Goethe, Racine, Corneille etc. et il est souvent difficile de s'en assurer soi-même, en toute impartialité. Construisons des structures légères, facilement transportables, dépensons moins pour les décors, pensons encore une fois à Vilar, rideau noir et accessoires, à chacun son Venise.

Apprivoiser tous les publics lentement, oublier le bon *Libé*, le bon *Monde*.

Il y a d'autres victoires pour vous autrement glorieuses, c'est le moment, faites découvrir.

À la sortie, courir pour entrevoir des « gens » dont les yeux brillent.

Amis et collègues j'ai pris cette photo il y a quelque temps à Marseille devant le théâtre de la Criée, pour... rire ?

Madrid, une manif, il faut la traverser pour rejoindre l'hôtel. Bruits des matraques sur les crânes, cris, fureur.

On m'interpelle : « On peut prendre une photo ? » demande une jeune femme de Burgos, où fut enterré le Cid Campeador, « Une photo, s'il vous plaît », dit l'oncle de Séville. « Je vous ai vu à la télé », dit la nièce de Barcelone. Sourire niais, j'affronte les objectifs entre les bousculades et le bruit des matraques.

Deux ou trois manifestants s'arrêtent, sidérés de voir ce vieux clown paradant devant des portables. L'un d'eux m'interpelle, en espagnol dans le texte : « Casse-toi connard ! » Convaincu, je me casse.

Tout était possible là-bas, là-bas à Cinecittà. La grande porte franchie, porte coliséenne, c'est le vertige. L'impossible n'existe plus. On « éprouve » différemment, les fantômes sont vivants, les vivants sont invraisemblables.

Le cadreur aura des problèmes s'il veut suivre en plan moyen Daniela Rocca se précipitant vers le téléphone blanc de la chambre luxueuse qui abrite ses amours. La pièce étant au rez-de-chaussée, par la fenêtre ouverte, il chope à tous les coups le décor du Pont-Neuf qui a été reconstruit aux deux tiers à trois cents mètres de là pour un film d'époque. Enrico, le metteur en scène, a heureusement une idée :

ENRICO : « Tant pis, ma on s'arrange, Daniela entre dans la chambre, on coupe. Gros plan sur une abeille qui butine, on revient sur elle al telefono, très gros plan, così non abbiamo problemi con le Pont-Neuf. Surtout qu'à droite, on risquerait d'accrocher Fellini et ses bourricots en plastique qui seront juste au bord del grande bassin, donc, pas de problème, facciamo così.

Così on tourne l'entrée de Daniela felice, on coupe, gros plan de l'abeille, on revient sur Daniela, gros plan, telefono nella mano destra. *(Il cherche Daniela.)* Allora, Daniela, tu rentres con un bello sorriso et on coupe, va bene ? Silenzio per favore, motore, azione... Coupez ! E bello veramente !

Fernando, a che ora arriva la bouffe, il cestino ? »

FERNANDO : « D'ici una mezz'ora. »

ENRICO : « Va bene. On a tout le temps pour faire le gros plan. Va bene, Daniela ? »

DANIELA : « Ma sono un po nervosa. È possibile d'avoir caviar con whisky ? »

ENRICO : « Non, non è possibile, Daniela, i cestini arrivano in una mezz'ora. Tu prendras ta collazione personale après le plan, s'il te plaît. »

DANIELA : « Allora andiamo ! Si je suis mauvaise, ce sera de ta faute, Enrico. »

ENRICO : « Tu mauvaise ? Non è possibile, Daniela ! Andiamo, dai ! N'oublie pas, un bello sorriso quando prendi il telefono. Silenzio. Azione ! »

Daniela entre dans le champ avec son beau sourire, la caméra est sur son visage, off, elle prend le téléphone blanc. Ce faisant, le téléphone blanc entre dans le champ, elle le porte à son oreille, toujours souriante, heureuse !

DANIELA : « *Come va mia bellisima Anna oggi ?* »

Bruits de voix mêlées de larmes sortant du téléphone, petit à petit le visage de Daniela se décompose, devient tragique.

DANIELA : « *Non è possibile. Enrico è morto ? Mamma mia ! Che miseria... !* »

Avec Daniela, il n'est pas nécessaire d'utiliser du produit pour les larmes, Daniela ruisselle de désespoir, puis elle raccroche et tombe à genoux. Ce n'était pas prévu mais heureusement le cadreur a le réflexe de la suivre.

ENRICO : « Coupez ! »

Un silence sur le plateau.

DANIELA : « Bene ? Sono stata bene ? »

ENRICO : « Veramente geniale, Daniela ! Un'emozione, una animalita terribile come una femme selvaggia, meravigliosa, veramente. Seulement un piccolo problema, ça n'est pas Enrico qui est morto, Enrico, c'est moi, ton metteur en scène. Ma l'uomo que tu aimes dans le film c'est Gastone. »

DANIELA : « Ah, merda di merda ! Che facciamo ? Che merda, c'est de ta faute, Enrico, che facciamo ? Merda ! »

ENRICO : « Niente. Tu as été bravissima, on ne la refait pas, sei stata grande, on arrangera au son, n'est-ce pas Paolo ? »

L'ingénieur du son, *accablé* : « Oui. »

FERNANDO : « I cestini sono arrivati, pausa di trenta minuti. On reprend à 14 heures. »

Tout le monde cherche un coin tranquille à l'ombre, les abeilles butinent.

Mastroianni passe devant la fenêtre de la chambre luxueuse avec un gros pansement sur la tête.

ENRICO : « Marcello ? Che cosa è successo, Marcello ? »

MASTROIANNI : « Al ristorante, un' starlette complètement conne m'a cassé une assiette di pasta sulla testa, et en plus elle avait convoqué un photographe ! Quelle conne, j'en ai pour huit jours. »

ENRICO : « Poverino, rrrr cinema ! »

Certains rigolent devant la mine désespérée de Marcello qui, bien sûr, rigole à son tour.

Il fait de plus en plus chaud, Fellini est au resto, il a abandonné ses bourricots en plastique qui maintenant flottent dans la piscine pour déjeuner avec Moretti, un jeune de grand talent.

Ah, comme je regrette de ne pas m'être glissé dans ce récit, j'aurais... je ne sais pas, apporté un bouquin de Michel Audiard à Enrico, *La Nuit, le jour et toutes les autres nuits* par exemple ! Non, pas par exemple : j'aurais apporté *La Nuit, le jour et toutes les autres nuits* de la part de Michel Audiard pour Enrico, voilà, c'est tout. Et j'aurais rigolé, bien sûr, avec toute l'équipe, en écoutant Mastroianni nous raconter ses malheurs avec la starlette assoiffée de pub, si j'avais été là. Je serais sorti de la chambre luxueuse, on se serait embrassés, un peu émus, on aurait fait quelques pas dans l'herbe de la Cinecittà tout en cherchant l'ombre.

MASTROIANNI : « Tu tournes, là ? »

ROCHEFORT : « Non, je suis venu voir la Daniela Rocca, je dois faire un film en France avec elle. »

MASTROIANNI : « Madonna ! Fais pas ça ! C'est pas possible ! C'est elle qui m'a cassé l'assiette sur la tête ! »

ROCHEFORT : « Non ! »

MASTROIANNI : « Refuse. Ne fais pas ça ! »

ROCHEFORT : « J'ai signé… Ah, merde ! »

On aurait marché un peu en silence et puis j'aurais dit : « Comè va Chiara ? »

Je n'aurais pas dû, mais comme je ne l'ai pas dit pour de vrai, c'est moins grave. Marcello n'aurait pas répondu tout de suite, son habituelle et souriante dérision aurait disparu, il serait devenu grave comme il peut l'être dans *8 ½* quand… Ah non, c'est con d'écrire ça, mais je ne l'ai pas écrit puisque… Oui, bon, ça va !

MASTROIANNI : « Chiara ? Bene, bene, grazie. »

Puis il aurait souri en se souvenant de quelques rigolades communes, et nous aurions continué à marcher dans l'herbe.

MASTROIANNI : « Tu sais que Leone est mort ? »

ROCHEFORT : « C'est pas vrai ! Oh, Leone ! C'est triste, putain, qu'est-ce qu'il a eu ? »

MASTROIANNI : « Il travaillait moins, on tourne presque plus de péplums, tu sais ! Et puis il picolait, et se faire balancer sur des chrétiennes à longueur de journée, enfermé dans une peau de lion, le poverino, c'était un cauchemar. Il avait tellement chaud là-dedans que je l'ai souvent vu tomber dans les pommes. »

Il y aurait eu un long silence, on aurait continué à marcher dans l'herbe en cherchant des
arbres pour l'ombre. Il aurait fait chaud, presque
autant que pour Leone.

MASTROIANNI : « Tu te souviens quand on
entendait hurler dans tout Cinecittà "Leone !
Vieni subito, Colosseo numero 3, subito,
Leone !" »

ROCHEFORT : « Ah, tais-toi ! » Silence. Puis
j'aurais dit : « Et quand on lui demandait toujours sa taille ? Il répondait : "1 metro e 10, e
vaffanculo." »

Et là, Mastroianni et moi, on aurait ri, ri très
fort, comme avant, non, plus fort qu'avant, trop
fort, ç'aurait été un rire sur le temps qui passe,
sur les amis morts, sur les heures qui deviennent
des secondes, un rire si fort qu'on aurait entendu
Enrico hurler : « Vos gueules, les vecchi rin-
gards ! Y en a qui travaillent, ici. »

Mais ça ne s'est pas passé puisque je ne suis
pas venu. Je n'ai pas apporté le livre de Michel
Audiard, *La Nuit, le jour et toutes les autres nuits*
à Enrico, ça ne s'est pas passé et tant mieux, c'eût
été triste.

À trois cents mètres de là, sur le Pont-Neuf
réduit aux deux tiers, la garde du roi se débarrasse

de ses rapières pour attaquer le cestino : cuisses de poulet, formaggio Bel Paese, tarte al limone, et acqua minerale gazata. Il cestino fini, tout le monde somnole à l'ombre d'un bosquet ou dans la chambre luxueuse qui, si tout va bien, sera démontée ce soir, ce qui arrangerait la régie générale.

Le premier assistant claque dans ses mains, réveil en sursaut : « Andiamo, per favore. »

Chacun retourne à son poste, la maquilleuse fait un raccord à Daniela. Côté gauche, dans le sens de la marche, celle-ci a un peu de formaggio Bel Paese à la commissure des lèvres. Dehors les abeilles butinent.

ENRICO : « Amore mio, Paolo voudrait que tu refasses en voix off : "Non è po-ssi-bi-le. En-ri-co" Ah non… merda, GAS-TO-NE ! Scusi. "Non è possibile. Gastone è morto ?" Ma Paolo dit que c'est pas possible de raccorder sans avoir la réplique entière, Daniela, c'était veramente geniale ma… ! »

DANIELA : « Stronzo di merda ! D'accordo, allez me chercher caviar et whisky al ristorante, le cestino était dégueulasse et non mi piace le formaggio Bel Paese. »

ENRICO : « Ma, amore, Vittorio est convoqué à 15 heures. »

DANIELA : « Je m'en fous de Vittorio, le whisky et le caviar o vado via ! »

ENRICO : « Claudio ! Vai al ristorante per la Rocca. Caviar et quoi ? »

DANIELA : « Quelle heure il est ? »

ENRICO : « 14 heures... Mamma mia ! »

DANIELA : « 14 heures ? (*Un temps*) Allora, Ballentine's on the rocks. »

ENRICO, *accablé* : « Vai veloce al ristorante, Claudio... Vittorio arrive dans une heure. »

Un lourd silence, on ouvre les fenêtres, on sort les cigarettes, les abeilles se tirent.

ENRICO, *au cadreur* : « Gastone, tu as pris le plan de l'abeille ? »

GASTONE : « Si. »

ENRICO : « Ma... tu t'appelles vraiment Gastone ? »

GASTONE : « Si. Perchè ? »

ENRICO : « No, niente così. »

Claudio, à bout de souffle, revient avec le caviar, le Ballentine's et les glaçons intacts malgré la chaleur.

ENRICO, *dans un murmure* : « Che velocità, Claudio ! Grazie mille. Bravo. »

Daniela s'assied au coin du lit de la chambre luxueuse et entame sa collation. Craignant de faire des taches, elle a enlevé son déshabillé révélateur au bénéfice d'une sorte de robe de chambre d'une propreté approximative, qui n'interdit pas un décolleté vertigineux nous laissant entrevoir deux seins un peu las, en attente sans doute du caviar, et du Ballantine's.

En grande star, Daniela prend son temps et celui de l'équipe, le sourire charmeur et fréquent d'Enrico à sa vedette devient de plus en plus carnassier à mesure que le temps passe.

Enfin, la Daniela s'essuie les commissures des lèvres sous le regard crispé de sa maquilleuse, puis balance rapidement le plateau de caviar et Ballantine's à Claudio qui, tel un rugbyman, repart en courant, rêvant du jour où il sera metteur en scène ou producteur et qu'il pourra botter le cul à la Rocca.

L'activité reprend sur le plateau. Paolo, l'ingénieur du son, micro dans la main gauche, main droite sur le potentiomètre à roulette, est prêt à enregistrer le texte de Daniela. Celle-ci se concentre afin de retrouver l'humeur tragique nécessaire en apprenant que « Gastone è morto ».

ENRICO, *à la recherche d'un sourire encourageant* : « Pronta, amore ? »

DANIELA : « Quando vuoi, Coco. »

ENRICO : « Motore. »

PAOLO : « Ça tourne. »

ENRICO : « Quando vuoi, cara. »

DANIELA : « *Non è possible ! Enrico è morto ? Mamma mia ! Che miseria… !* »

ENRICO, *hurlant* : « Coupez ! » (*Mâchoires serrées*) No "Enrico" Daniela cara… Gastone… Gastone… GAS-TO-NE !!! »

DANIELA : « Ah, merda ! Sans la camera, je ne suis pas concentrée, vous n'avez qu'à me filmer en même temps ! »

ENRICO, *cherchant son fauteuil* et *dans un souffle* : « Bon. Non c'è problema, chérie. Gastone. (*Un temps*) Toi qui t'appelles (*hurlant*) GAS-TO-NE !!! Tu peux filmer ça, s'il te plaît ? »

GASTONE, *K.-O. debout* : « Ma… perchè filmer un raccordo di suono ? »

ENRICO, *toujours dans un souffle et au bord des larmes* : « C'est comme ça, è nuovo ! On filme un raccord son, voilà. Basta. Motore. »

PAOLO, *halluciné* : « Ça tourne. »

ENRICO : « Cara Sophia, quand vous voudrez. »

DANIELA *hurlant* : « SOPHIA ! Ma che SOPHIA ? !!! C'est Sophia, la vieille peau que tu prends pour moi ? Moi, la plus giovane sex symbol de la peninsula ? ! »

ENRICO : « Scusi, Daniela, bellissima, sono un po fatigué, scusi veramente. (*S'adressant au cadreur*) GAS-TO-NE… motore… »

CLAPMAN, *essayant de ne pas rire* : « Un po di amore. Raccord son filmé. »

ENRICO : « Daniela, quando vuoi. »

DANIELA : « Non è possibile. Gastone è morto ? Mamma mia ! Che miseria... ! »

Un long silence et soudain Enrico hurle : « Bello ! Ma la même sensazione que la première prise, con animalita, sensualita di femmine... Grazie mille, Daniela ! Andiamo per un Oscar, ma chérie ! Claudio, a che ora arriva Vittorio ? »

CLAUDIO, *encore essoufflé et dans le caviar* : « Che Vittorio ? »

ENRICO *au bord de l'infarctus* : « GASSMAN ! Assistante di merda, di una totale deficienza de mes couilles ! »

CLAUDIO : « Scusi, Dottore... Il Dottore Gassman arrive dans un quart d'heure. »

ENRICO : « Gastone, on va préparer le plan suivant : quando Gassman, qui joue le rôle de Gastone... Capito ? !... entre brusquement dans la chambre en disant... Dov'è la scripte ? Monica ! MONICA, merda ! Ah ! Monica, qu'est-ce qu'il dit, Vittorio ? »

MONICA, *au bord de la crise de nerfs* : « Non lo so et je m'en fous ! »

PAOLO *toujours accablé et dans un souffle* : « Il dit : "Coucou, mon amour." »

ENRICO : « Il dit coucou mon amour. Va bene,
Gastone ? »

GASTONE : « Si. »

ENRICO : « Allora, quando Vittorio Gassman
entre, on le prend en haut de l'escalier, la caméra
recule piano piano. »

GASTONE, *à l'oreille d'Enrico* : « Qu'est-ce
que c'est sur la peau di Daniela ? »

ENRICO : « Quoi ? Je ne sais pas. »

GASTONE, *en prenant le viseur* : « Ma veramente un sedimento vulcanico ! »

Enrico s'approchant discrètement de Daniela
et lui glissant à l'oreille : « Daniela, amore mio,
che hai sulla pelle ? »

DANIELA : « Che ? Oh, niente, toujours un po
di eczema sulla pelle dopo caviar. »

ENRICO, *ailleurs* : « Toujours… un po di pelle
sul eczema… un po… di pelle… sul eczema… ? »

DANIELA : « Enrico, niente problema, dans
une heure c'est fini. »

ENRICO, *toujours anéanti* : « Ma, on tourne la
scène du baccio dans une demi-heure ! »

DANIELA : « Calmati, on s'arrangera avec
Gastone. »

ENRICO, *sursautant* : « Gastone ? Che
Gastone ? »

DANIELA : « Le cadreur ! À propos, Enrico, pour le baccio, la scena di amore, il faut que je fume une Marlboro. »

ENRICO, *brusquement affolé* : « Ma tu vas pas sortir une Marlboro quand l'uomo que tu crois morto entre dans ta chambre ? »

DANIELA : « E perchè no ? J'ai un contrat con Marlboro. E molto facile, je crois que c'est un miraggio alors je prends una cigaretta. »

ENRICO, *souriant, tout en grinçant des dents* : « Ma è un film, un vero, pas una publicità ! C'est... »

Soudain, ils sont interrompus par un appel venant de l'extérieur.

« Leone ! Vieni subito ! Leone, vieni subito ! Al 3, subito ! Leone... vieni ! Leoooneee !!!! »

ENRICO, *fou de rage* : « Stronzi !! Leone e morto ! Leone e morto... ! Vous êtes cons ou quoi ? (*Un temps très long, Enrico s'assied lourdement, épuisé, éteint*) Gastone, che ora è ?

GASTONE : « 19 heures. »

ENRICO : « La regia démonte le décor à 20 heures, merda di merda ! Gassman è pronto ? »

GASTONE : « Oui, je l'ai vu. »

ENRICO : « Speriamo... À propos, personne n'a apporté pour moi un bouquin d'Audiard, *La Nuit, le jour et toutes les autres nuits* ? »

FERNANDO : « Non, on me l'aurait dit. »

DANIELA : « Alors, on la fait cette scène du baccio ? »

ENRICO, *cette fois entre la rage et le coma* : « Si, carina, subito. Con una grande surprise de voir ton amant que tu crois mort. N'oublie pas de cacher tua pelle vulcanica, prego. Et pendant que tu y es, allume-moi nerveusement deux ou trois Marlboro, range le paquet dans ton décolleté mais surtout pas trop, pour qu'on le voie bien le paquet. Ah, Vittorio ! Com'è va ? Bene ? Allora, azione. SUBITO. »

Elle fait peur, Lili Brik, la petite statuette aux yeux bleus. Je lui suis présenté sur les marches de l'hôtel Ukraïna à Moscou, quelques hommes l'entourent, respectueux, protecteurs.

Je reviens de Tachti-Bratsk. Bratsk le port sans mer, Bratsk de Sibérie, Bratsk de février, février de Sibérie, Sibérie de – 40 °C, qui ensanglante les lèvres des clowns dont je suis, ignorant la présence d'un copain de lycée, à quelques kilomètres de là, à Tachti, près de Bratsk, lui enchaîné la nuit, moi maquillé le jour.

En m'inclinant devant la petite statuette aux yeux livides, j'ai l'impression de m'incliner devant l'Union soviétique tout entière. Car elle sait, la séduisante et terrifiante petite dame, elle connaît, elle cautionne – le bruit court qu'elle a fait partie de la Tcheka, maman de la Guépéou aux mains rouges. Le Kremlin, elle a un double des clefs, nous sommes en 1958, elle trouve Khrouchtchev mollasson.

Ah, Staline ! Petit Père des peuples, c'était autre chose, il en faisait, du gâchis, afin que l'« homme nouveau » voie le jour. Vingt-cinq millions emprisonnés, fusillés, affamés, car il était aussi le maître des famines, le Petit Père, il voulait savoir combien de temps ça tient, le Slave cyclothymique, avant de devenir l'« homme nouveau ».

L'« homme nouveau » ! Enfin identique à l'homme de pierre ou de bronze provisoirement immobile que l'on voit à tous les coins de rue, tirant charrue, bouquin sous le bras, et fixant l'horizon ; à ses côtés, la « femme nouvelle » étreint en souriant l'omniprésente gerbe de blé, preuve tangible qu'un jour on cassera la croûte.

Ça ne vient pas comme ça le « couple nouveau », il tâtonne, le Petit Père des peuples, vingt-cinq millions de cobayes, soi-disant pas tout à fait convaincus, c'est quand même pas la mer à boire, sauf à Bratsk où il n'y en a pas.

Elle savait tout ça, la déjà petite vieille statuette aux yeux terrifiants, pas commode du tout, c'est sa réputation.

Alors que mon Aragon, son beau-frère, couvert d'honneurs et de gloire par la nomenklatura soviétique, semble singulièrement manquer de curiosité. *Les Cloches de Bâle, Les Beaux Quartiers, Aurélien*, les livres de chevet de mon adolescence, dois-je les brûler ?

Douloureux pour moi, comme si enfant Mandrake n'avait eu ni cape ni haut-de-forme, comme si Guy l'Éclair avait été boiteux, et Tarzan aphone. Trop pour mon Aragon. En 1925, il écrit un article virulent contre l'Union soviétique, pour, en 1930, se mettre au service d'une dictature de parvenus, médiocre et féroce, peu concernée par le confort de ceux qui n'en avaient pas : les loquedus, les pousse-mégots, les à-la-va-comme-je-te-pousse, les stakhanovistes aux mains calleuses, les épris du malheur. Je suis prêt à inventer un scénario l'absolvant.

Mais qu'inventerais-je au XXIe siècle pour sauver mon Aragon, alors qu'au XXe siècle, en 1958, je suis présenté à la petite statuette aux yeux trop bleus ? Oui, c'est sa belle-sœur.

Essayons. Pourquoi n'imaginerions-nous pas un dîner familial à Saint-Arnoult-en-Yvelines, chez Elsa et Louis, en compagnie de Lili – c'est son prénom – Brik – c'est son nom. Le menu ne peut être qu'international : vodka et buissons de caviar innombrables, importés par kilos, la belle-sœur a des relations. Pour le plat principal, cuisses de grenouille, il y a une mare dans le jardin de Saint-Arnoult-en-Yvelines. Quant au dessert, sujet de querelle, vatrouchka ou tarte aux pommes ? Insoluble.

Elsa assure le service, Elsa tout court, Elsa et ses yeux, Elsa jusqu'à la saturation du lecteur. Lui est entre les deux sœurs, affable, timide, comme sur certains documents. Il ne dit rien, ça ne le satisfait guère, mais il lui faut les écouter. Parlant du paradis de là-bas avec un enthousiasme si sévère que les deux fois deux yeux le clouent sur sa chaise.

Des rongeuses ! On les sait minuscules et sérieusement caractérielles, toutes deux maîtresses de Maïakovski, excusez du peu, la concurrence est rude.

Écrasé, Louis évite leurs regards.

Aragon aime-t-il Elsa ? Dans tous les cas, elle l'inspire. De plus, Elsa n'a-t-elle pas traduit Maïakovski ? Comme elles sont puissantes, comme elles impressionnent, nos rongeuses ! Et Maïakovski, poète sublime, beau comme ses aurores, qu'Aragon doit admirer, haïr et aimer à la fois. Maïakovski auquel il sera présenté par ces dames. Coup fatal !

C'est peut-être au cours des dîners moscovites, et voilà mon espoir, qu'elles deviendront ses maîtres à penser, les rongeuses. Le piège sera sévère, il faudra les suivre jusqu'au bout, Aragon n'aura plus droit à la moindre défaillance, au moindre doute, il sera condamné à nier les évidences. *Le premier accroc coûte 200 francs*, roman d'Elsa, le titre est un avertissement.

Je prends congé de Lili Brik, je peux, je n'ai pas fait d'impair contrairement à mon copain de classe, casseur de cailloux au goulag de Tachti-Bratsk pour avoir fredonné une chanson dans laquelle Staline n'avait pas le beau rôle.

Vingt ans de goulag pour mon copain d'école. Vous vous rendez compte, Louis Aragon, auteur de mon chevet, vingt ans pour une chanson, vingt ans de goulag, vingt ans pour mon copain !

Une fois la peine purgée, l'ambassade l'aidera à s'évader. Mon copain de Seconde moderne à l'institut Marigny de Vincennes. Rentré en France, je le verrai souvent, maigre, rapetissé, Soljenitsyne au petit pied, il erre, un gros dossier sous le bras, tente de convaincre, de faire comprendre, on ne l'écoute pas, il devient fou, fou il est mort, loin de son goulag.

« Goulag », c'est un plat ?

« Qu'est-ce qu'on mange ce soir ?

– Un goulag.

– Encore ! »

Impropre dans notre langue, il faudrait dire et écrire : « Après vingt ans de... camp de concentration ! » Là, ça nous parle, il y a des références. Mon camarade de classe survivra à vingt ans de camp de concentration en Sibérie, pour une chansonnette. Il est détenu à Tachti-Bratsk où, à partir de – 30 °C, on a du mal à rigoler.

Tachti, c'est la banlieue, les doigts gourds et les cailloux qu'on casse ; Bratsk, c'est le port de pêche, sans pêche puisque sans mer. Tracasserie bureaucratique sans doute, en attente depuis dix ans, dix ans à attendre la mer ! Il s'agit de détourner le fleuve Amour, fleuve Amour qui, au printemps, explose, fêtant le dégel, explosion si forte qu'il nous réveille en sursaut.

Bratsk sans mer, Bratsk du cabotin, Bratsk du film de propagande, Bratsk du jeune acteur à l'ego surdimensionné, aveugle, sans conscience.

Je n'ai pas fait d'impair, c'est peut-être pour cela que Lili Brik me libère d'un : « Au revoir jeune homme » dans un français parfait.

Entourée de ses protecteurs, elle monte à l'arrière d'une Tchaïka noire. Les autres voitures s'arrêtent quand démarre une Tchaïka noire. Puis discrètement repartent quand celle-ci disparaît.

Aragon de ma jeunesse, Aragon des *Cloches de Bâle*, j'ai été présenté à Lili Brik, sœur d'Elsa Triolet. Elsa Triolet, votre compagne qui admire et craint peut-être sa sœur. Sa sœur, grand amour de Maïakovski. Maïakovski, amant d'Elsa avant qu'elle ne soit Triolet, Triolet officier français pas joyeux du tout. Elsa qui, écrasée d'ennui, quittera brusquement Tahiti pour enfin ouvrir la porte de La Coupole à Montparnasse où vous êtes assis au bar, Aragon de ma jeunesse, au bar « comme par hasard ». Lili qui aima d'abord Ossip Maximovitch Brik à 13 ans, quand lui en avait 16, ils se marièrent plus tard. Ossip Maximovitch Brik, conseiller juridique de la Tcheka qui accueillit à bras ouverts l'amant de sa femme, Vladimir Maïakovski, transformant ainsi et pour de nombreuses années leur couple en trio.

Il faudrait avoir la vie devant soi pour conter les orages sexuelo-affectifs de ce groupe : Russes, Slaves, ivres de chagrin, de promesses, de sang, de vodka, d'idéaux, et d'aubes éclatantes.

> *« Le jour qui s'ouvrait était tel*
> *Que les contes d'Andersen*
> *Rampèrent à ses pieds comme de jeunes chiots[1]. »*

1. Vladimir Maïakovski, *La Guerre et l'Univers*, 1917.

Maïakovski, génie suicidaire enthousiaste, se privera à jamais de l'ouverture des jours.

Le silence est reposant, le sable est doux l'été, les nomenklaturas soviétique, tchécoslovaque, polonaise, albanaise, RDA, bulgare, yougoslave, hongroise après mise au point, sans oublier notre inénarrable famille Georges Marchais, sont heureuses de se retrouver sur les plages roumaines chez les délicieux Ceauçescu.

Goulag ! Vous avez dit goulag ? Comme c'est goulag !

Laissons ces dames s'oindre de crème protectrice, l'été sera chaud. Oublions les prolétaires aux mains calleuses, laissons quelques intellectuels occidentaux répandre la bonne parole.

Bonne parole ébranlée brusquement par un André Gide auquel un aller suffit pour réaliser qu'on les achète, nos intellectuels : Aragon, Picasso, Barbusse, Romain Rolland, Eluard, Sartre – qui n'en était pas à ses premières errances –, et bien d'autres.

Propagandistes éclectiques, les hôtes fournissent à André Gide des jeunes gens aux yeux tendres. Ce qui l'aidera sans doute, plaisir pris, à comprendre qu'une partie de notre intelligentsia est invitée en tant que représentante de commerce, chargée de vendre au retour un paradis alors que le produit, c'est l'enfer.

Salut à vous, grands dadais, salut de ma part, de la part d'un Français très moyen qui, lui, ne voyageant pas officiellement là-bas, éprouva au bout de trois jours comme un malaise qui ne fit que croître jusqu'à l'angoisse et l'écœurement durant les nombreux mois où il demeurera au paradis socialiste.

C'est la deuxième fois que je remercie en disant *Spassiba*, il faut que je me réadapte, les Trente Glorieuses vont démarrer, tout semble ici luxueux, incongru.

Saint-Germain n'a pas changé, il est assez tendance devant les vitrines abondant en victuailles de rêver des nuits blanches de Stalingrad où je fus incarcéré sans savoir pourquoi, vingt-quatre ou quarante-huit heures, je ne puis répondre, les nuits étaient blanches, je n'ai pas dormi, je n'ai pas rêvé.

Au retour, on m'interroge, on m'interpelle, je minimise, je suis las de tenter de convaincre, j'ai envie de travailler, d'oublier... quelques amis intimes le soir à la veillée m'écoutent.

Neuf ans passent vite, 1968. Sartre toujours assoiffé de jeunisme « in », cette fois-ci est maoïste. Il est de bon ton alors d'avoir en main ou sous le bras le Petit Livre rouge, comme ça, relax, détendu, siffloteur, ce Petit Livre rouge est un piège à coups de foudre. Ne pas l'oublier, on sent la différence. L'excellence recherchée étant de connaître un ami qui aurait connu un ami qui aurait fréquenté un membre des Brigades rouges. Des Deux Magots au Flore, on se le dispute l'ami qui a connu un ami qui...

Viennent ensuite les barricades, des quadras boudinés dans leurs jeans demandent à leurs fils et filles de les appeler par leurs prénoms, en copains très cool. Le monde bouge.

À Cannes, Truffaut et Godard exigent l'arrêt du festival. Forman, le metteur en scène tchèque d'*Amadeus*, entre autres, stupéfié, leur déclare : « Vous courez après ce que nous avons fui ! »

Ici, on enlève les pavés pour voir la mer, curieux pour moi, qui, à Bratsk, ai attendu la mer là où il n'y avait pas de pavés.

Mai 68 était nécessaire, certes, mais n'ayant pas oublié ce que j'avais connu, je l'eusse préféré inversé : riche de mon expérience, qu'on informe la nomenklatura parisienne de cesser de prôner l'insoutenable. Pour des raisons qu'à tort je n'ai pas éclaircies sur place, l'absence des classes dites « laborieuses » ne m'a pas échappée. J'avais rêvé qu'à quelques-uns nous aurions désespéré Billancourt pour le faire espérer à nouveau avec des arguments et promesses tangibles et tenues. Aurais-je été avec d'autres bons tribuns pour persuader nos égarés : le niveau de vie au paradis qui frisait la noyade, les soins hospitaliers que j'ai affrontés dont les inspirateurs ne pouvaient être que Franz Kafka, Edvard Munch et Jérôme Bosch, les milliers de morts en Sibérie. Ah oui, faire à nouveau espérer loin de toutes les impostures. Pur rêve, je n'en aurais pas été capable, amis, vous qui n'étiez pas là. Ordre du parti sans doute, fermement conseillé et couvert de provendes par l'URSS assassine. Les barricades, oui ! Mais à leur sommet, l'effigie de mon copain d'école avec ses vingt ans de goulag pour une guitare et une chanson !

Le rêve du retour, à savoir témoigner. Déjà, en 1960, j'avais renoncé, anéanti par le scepticisme virulent de mes auditeurs.

Enfermé sans savoir pourquoi à Stalingrad, je rêvais d'être libre, je rêvais de rentrer et convaincre que les solutions n'étaient pas là-bas, contrairement à ce que plaidaient nos intellectuels anesthésiés par la propagande.

Rentré d'URSS devant les évidences, certes de droite, certes le cœur à gauche, il m'était morphologiquement impossible de résoudre et d'exhorter dans l'apaisement. D'autant que le maoïsme commençait à devenir plus que fréquentable, le maoïsme et ses mafieux alcaponiens, le maoïsme et ses gardes rouges, leurs trottoirs comme moquettés de sang et de chair ! À 38 ans, je ressentis quelque chose qu'on pourrait appeler vertige et accablement.

Le nazisme, la Libération, sublime et souvent immonde, Mao, l'URSS et ses Club Med, le Cambodge, l'Indochine, l'Algérie, les tortures, le glouglou des harkis égorgés, tandis que les sirènes des bateaux, certes et heureusement bourrés de pieds-noirs, retentissaient.

Écœuré, inquiet, j'ouvre une porte et entre dans la fiction.

Au fil de mes lectures, j'apprends qu'Elsa a fermement conseillé à Aragon de prendre ses distances avec le surréalisme. Le voilà « obligé » de gourmander Picasso à propos de son portrait de Staline jugé trop art moderne, et légèrement ironique. Les rongeuses ne sont jamais loin. Pauvre Aragon, que de souplesse !

Tout, sans doute, lui était devenu trop lourd.

Il me faut lui pardonner, le jeune homme que j'ai été lui doit trop. C'est décidé, dans le noir, je reposerai *Les Cloches de Bâle*, *Les Beaux Quartiers* et *Aurélien* sur ma table de nuit, au milieu des médocs.

C'est surtout quand le temps est gris, quand il pleut, quand les nuits sont longues et les journées courtes qu'on sèche.

Ça n'est pas évident de sécher, surtout à trois, il faut avoir l'air préoccupé, dans l'urgence, donner l'impression qu'il y a quelque chose qui ne va pas ailleurs.

Bientôt 16 heures, et en plus on a promis de donner la réplique à deux filles qui travaillent Marivaux pour le concours de sortie.

On dit « Oui », toujours, alors, après, on est forcément faux derches, on est fainéants surtout, volontiers glandeurs, encore plus sous la pluie de novembre, sous le petit crachin.

Ça n'aide pas les ados, le petit crachin. Il faut avoir 21 ans pour être adulte, mais on ne les a pas, bientôt, mais pas encore.

Et puis avec les filles… Faut dire aussi qu'on n'est pas jolis, jolis, je crois qu'on a la classe mais qu'on n'est pas distingués, et, distingués, c'est bien, ça plaît, au début des années 1950, ça plaît beaucoup.

Même qu'un jour, un élève de tragédie en costume trois pièces m'a dit : « Tu ne feras jamais rien, tu t'habilles trop mal. » Je suis d'un naturel pessimiste, les mauvaises nouvelles, j'y crois toujours, mais je n'ai rien changé à ma tenue. Là-dessus, il y a aussi des profs qui font des réflexions vraiment désagréables.

Belmondo, lui, s'en fout. Il fait peur aux filles, presque voyou, fringué à la va-vite. Il a l'air de venir d'ailleurs. Les jeunes filles, affolées, cherchent les soucoupes volantes.

En attendant, il fréquente l'Avia Club d'Issy-les-Moulineaux, un club de boxe dirigé par « M. Dupain », pour lequel Belmondo nourrit une passion sans bornes, à tel point que, si, à la cantine, Belmondo parle de « M. Dupain », un silence respectueux s'impose de lui-même. N'est-ce pas grâce à Dupain que Belmondo arbore un tarbouif cabossé qui signale aux filles du Conservatoire que d'aucune façon il n'est fréquentable ?

Sa stratégie de séduction aussi est peut-être abrupte : mains dans les poches, un clope humide au coin des lèvres, il avoue sans préambule à la jeune fille envisagée son découragement devant la énième défaite de Saint-Étienne-Coulommiers, 3-2, et qui plus est à domicile.

Devant le silence de l'élue, il embraye sur les conditions climatiques, en quelque sorte la pluie et le beau temps, n'obtenant en retour qu'un hochement de tête de celle qu'à 20 ans on idolâtre.

Fidèle à ses habitudes, il attaque son plan B : l'entrée du général Leclerc dans Strasbourg racontée par de Gaulle et empruntée à notre ami Michel Beaune, qui, beaucoup trop tôt, ne fut plus parmi nous. Michel Beaune, dont l'une des spécialités était l'enthousiasme qu'il nourrissait à l'égard de de Gaulle et une connaissance infaillible des faits et gestes de celui-ci. Mais celle que Belmondo déjà adore somnole. Est-elle sortie la veille ?

Plan C alors : malgré nos injonctions antérieures, Belmondo sort de sa poche un petit sifflet à roulette, en use en faisant un clin d'œil complice à l'envisagée afin que commence un match de pets dont il est à la fois l'arbitre et les joueurs. Nous le connaissons, il se passionnera vite et, dans ces cas-là, il oublie tout.

La jeune fille, elle, cherche un appui, un dos de chaise, un radiateur, une colonne de marbre, n'importe quoi, il y a urgence, surtout qu'il vient par contraction d'obtenir un pet conséquent auquel il attribue d'autorité trois points. Enfin il a l'audace d'en faire part à celle qu'à 20 ans on ose regarder, et accompagne l'annonce d'un clin d'œil canaille. Comment oser en faire part à celle qu'à 20 ans on espère ? Dieu qu'il faut être chauvin quand on est si timide.

La jeune fille du Conservatoire abandonne sa colonne, son dos de chaise ou son radiateur, les yeux exorbités et, après un recul territorial d'importance, choisit de s'enfuir, chaloupant dans des directions incertaines, revoyant dans son désespoir la dernière lettre expédiée à son père et à sa mère : « Chers parents, je suis si heureuse d'être enfin au Conservatoire, mon professeur Henri Rolland est formidable, il aime Giraudoux, ça tombe bien. Quant à la cantine... » Et aux yeux de Jean-Paul, elle disparaît déjà. Lui n'en tient pas compte, il est ailleurs.

Il ne nous reste plus qu'à l'imaginer seul, son mégot d'un côté, un sourire de l'autre, pétant dans le grand hall du Conservatoire où le son est meilleur. Il contrôle tout, surveille sa montre pour ne pas rater l'heure de la mi-temps. Heureux, le lendemain il nous confiera : « Bourg-la-Reine a gagné 6-4. »

Marielle, lui, c'est différent, il impressionne, belle allure, grand, démarche de cow-boy, voix grave. Humour aussi. C'est bon, l'humour, pour la galanterie, cela peut faire passer des manques, des lacunes, ça engendre quelquefois des : « Peut-être, il est si drôle. » L'humour de Marielle tient de l'art abstrait, il est aux antipodes de la gaudriole réaliste. Certaines apprenties actrices ont tenté de s'adapter, d'autres ont renoncé immédiatement, toutes ont fui au final.

Il y a comme un sort sur notre trio, même sur Jean-Pierre, avec sa voix virile, si « comme il faut », voix qui peut être chaleureuse, tendre aussi, mais seulement parfois. Les lunettes rassurent, charpentent les propos abscons, en revanche son rire, lui, fait peur. C'est curieux, nous avons chacun une spécificité qui engendre la peur. Marielle, lui, c'est son rire.

Rire jamais entendu. Nulle part. Violent, abrupt, un cri grave comme celui d'un cerf blessé en octobre au moment des amours, comme un brame alors ? Oui, mais pas vraiment, c'est trop brusque, sans l'ombre d'une quête, d'une plainte, c'est un raaah ! Solitaire, méconnu, lui seul sait que c'est un rire. Mais ça n'est pas fini, si la drôlerie proposée est de qualité, il émet alors quelques couinements conviviaux aussi. C'est ici qu'il faut faire attention : les traits se durcissent, le voilà grave, accusateur, les jeunes personnes du sexe se croient alors vouées au billot, rassurez-vous, jeunes filles, il n'y a pas plus gentil. Juge implacable, concentré, impatient de votre réponse, sèchement le voilà qui questionne : « Ne trouvez-vous pas que le temps est au beau fixe chaussette ? » Ne marquez aucun étonnement surtout, c'est une sorte de code : Vernier, Belmondo, Cremer, Beaune, Rich, Rochefort, nous ça va, même au bout de soixante ans, ça nous fait encore rire, ah, j'oublie Annie, Girardot, qui riait aussi avant d'arrêter de rire. Oui, un code. On l'écrivait même sur les cartes postales des uns et des autres : « Salut, Jean-Pierre, bonnes vacances ? Le temps est au beau fixe chaussette ? » Au verso, une vue de Saint-Malo ou du Cap-d'Agde, ça n'était pas Hollywood ou Cannes. Bon, voilà, c'est notre manie, mais tout de même, ça ne devrait pas être rédhibitoire auprès des filles.

D'autant qu'il y a d'autres facteurs chez Marielle, comme chez Belmondo et chez Rochefort, qui nuisent à nos rêves sexuelo-affectifs. Ah, quelle chiennerie ! Marielle, ce sont les westerns, il aime les westerns, il dit qu'il ressemble à Gary Cooper, et c'est pas faux. Il propose quand il y a trop de silence, trop de gêne, trop de « Qu'est-ce que je pourrais raconter ? », il propose à son avenir radieux une imitation de Gary Cooper de dos, proposition acceptée en général par un hochement de tête mou de la part de la pourtant définitivement unique.

À lui de s'exécuter, avec, tout de même, une légère inquiétude, trop souvent justifiée, car, chaque fois, j'ai eu des confidences, les délicieuses draguées par ce jeune homme à leurs yeux tout à fait envisageable, ressentent, quand Marielle amorce sa démarche dite à la Gary Cooper, comme un coup de blues, un petit coup de cafard, un « Ça ne le fera pas », plus évident encore, quand Marielle, les bras légèrement relevés, simule à l'aide de ses mains un dégainage rapide de deux colts à six coups. Ses jambes sont arquées comme celles des hommes de la prairie, ses chaussures deviennent bottes, et tanguent gracieusement sur les aspérités du sol. Trente mètres plus loin, Gary Cooper, malgré les échecs antérieurs, est déjà certain d'avoir fait naître chez la tant désirée une pulsion sentimentale. Est-ce une malédiction ? À cinquante mètres, rasséréné, il se retourne, redevient Marielle, pour, comme chaque fois, entrevoir son avenir radieux ne pas fuir mais s'éloigner, partagé entre le fou rire et deux larmes.

Chez Rochefort, imberbe, les lèvres en lame de couteau accentuent son côté ricaneur et faux derche. Trop maigre, trop timide, il ose un peu, il allusionne, et s'il réalise que la tant espérée peut y être sensible alors il balbutie, il parle voitures, il proteste contre la cantine. En fait, il voudrait grossir mais ça, il n'en parle pas.

Alors il ose demander à l'incarnation des fantasmes pourquoi elle ne vient pas à la piscine de la Cité universitaire le jeudi, elle répond brièvement : « J'aime pas l'eau », pas de chance, lui, honnêtement, il nage vraiment bien, il aurait peut-être gagné des points le jeudi à la Cité universitaire.

Trouver autre chose, combler les vides, les silences. Il aime Molière et le ping-pong, il hésite, il ne sait par quoi commencer, il sent venir une légère sudation, mais jamais sous les aisselles, heureusement, ça c'est gratifiant, c'est positif, c'est comme la piscine, mais comme elle n'y va jamais, elle n'est pas prête à ronronner sous ses aisselles… Alors souvent, brusquement, il a envie de retrouver ses copains. Quand il essaie de draguer, la plupart du temps, il panique, tandis que ses copains, c'est la famille. La très belle, l'inconnu, c'est un nouveau territoire, ça fait peur, même l'idée que ça marche, mais comme ça ne marchera pas, il reverra ses copains, et puis quand on a une copine, on ne voit plus ses copains.

Mais trop sûr de rien, impulsif, il peut prendre des risques, il fonce tête baissée, dans les recettes de la Hammer Film, maison de production allemande spécialisée dans les films d'horreur, il aime ça, Rochefort. Christopher Lee, le vampire, et Boris Karloff, qui n'est pas à la Hammer Film, mais qui joue formidablement la créature de Frankenstein, il dit bien la créature de Frankenstein, pas Frankenstein, Frankenstein c'est le docteur, un fêlé qui, par une nuit d'orage, crée le monstre, joué, lui, par Boris Karloff. Il y en a qui confondent mais Rochefort est pointu là-dessus, il voit tous les films d'horreur, et chaque fois, heureusement, il a peur.

Il a même acheté des canines de vampire dans une boutique de farces et attrapes, il les a toujours sur lui, avec une petite fiole de faux sang. Quand c'est la dernière ressource, il tourne le dos à l'ineffable amour, il sait qu'il prend des risques – en même temps, si elle l'aime, il aura gagné –, il se colle tout ça en hâte, les ratiches de vampire, la bave sanglante, sans oublier le rire sardonique. Si elle rit aussi, il sera sauvé, il y aura complicité, pour toujours ils seront deux. Il se retourne, un temps très long, elle ne rit pas alors il insiste, ses yeux dilatés fixent les carotides de l'espérée, son ricanement redouble, entre deux sardoniques il entend murmurer celle dont on rêve : « Bah dis donc, tu le fais drôlement bien, tu fais peur franchement. »

Ivre de bonheur, il enchaîne sur King Kong, parce que ça, King Kong, c'est son truc, il lui apprendra à faire sa guenon, parce que ça, King Kong, alors là ! Il ne craint personne, surtout quand il s'agit de choper les avions au sommet du building. « Regarde bien, Jocelyne, je suis le plus fort ! »

C'est seulement au troisième hurlement de King Kong qu'il réalise, horrifié, qu'elle va tomber dans les pommes. Celle qu'il croyait à jamais et pour toujours conquise est franchement livide. Elle a encore la force de murmurer, et il comprend, prêtant l'oreille : « Action corporelle... et... salut. » Elle disparaît en tanguant, elle ne sera pas sa guenon ! Il se déteste d'être aussi... Quoi ? Con ?

Ah, s'il n'avait pas ses copains, s'il n'avait pas le MAYOL, Rochefort se flinguerait ! « Suicide au Conservatoire d'un élève de première année », c'est bon, comme fin, pour les films d'horreur, mais il y a le MAYOL, il y a les copains.

C'est quand on a des coups comme ça, quand le temps est gris, quand il pleut, qu'on n'a plus de vent arrière que pour un rien ou déboussole.

Le temps est gris certes, mais il y a les copains, dont Belmondo, qui peut se permettre de shooter en touche les tragédies de la testostérone car il connaît un endroit où la vie est en couleur.

On rejoint les grands boulevards, on prend la première à gauche, puis encore à gauche, c'est la rue de l'Échiquier. Rien qu'en voyant l'enseigne aux néons – MA_OL ou MAY_L, il manque toujours une lettre, c'est le début du néon –, on a la tremblote, on va avoir bien chaud, ça sera en couleur, un cocon, notre cocon hivernal.

À la caisse, un gros petit bonhomme, c'est la vedette, avec un clin d'œil, nous propose comme d'habitude : « Trois balcons pour mes p'tits choux ? » On acquiesce. L'ouvreuse, unique, ronchon et poilue, accepte en hochant les épaules de nous installer au balcon contre quelques centimes, puis disparaît, non sans jeter un regard réprobateur en bas, à l'orchestre, où une vingtaine de travailleurs immigrés assistent au spectacle. On est un peu en retard mais ça ne fait rien, ce n'est pas la première fois qu'on vient.

On est bien. Il y a des cymbales, un piano et une trompette martyrisée – c'est Marielle qui le dit –, par trois musiciens rougeauds dont les gilets-vestes ont dû être « blanc casino ».

Et pour l'éternité, sur la scène, il y a quatre filles nues dont trois sont seulement vêtues d'un petit triangle rose. On oublie le copain qui est à côté, on écarquille, on est au bord du coma.

Trois des jeunes femmes sont brunes, un peu étiques, mais la quatrième, la vedette, la blonde, celle qui répond au nom de Sojza, elle, elle a un petit triangle bleu ciel pour faire la différence. Belle, mais belle ! Potelée, mais potelée ! Un peu comme une maman, ah, potelée ! Et nous, là, pleine sève, disgracieux, victimes de désirs chaotiques qui n'aboutissent jamais, voilà que maintenant nous enfonçons nos ongles dans le boudin de velours crasseux qui délimite le balcon. Si on s'écoutait, on foncerait sur la scène, on ferait un hold-up des danseuses pour toujours, c'est peut-être parce qu'il en resterait une qu'on se retient.

Ah, le ventre de Sojza ! Le nombril de Sojza ! Les seins de Sojza ! Et ne voilà-t-il pas qu'elle danse, d'abord mollement, obéissante, soumise aux injonctions de la trompette, et puis moins mollement soudain, face aux impératifs des cymbales. Et les seins, houleux et fermes qui se baguenaudent à hue et à dia ! Ah, le grand moment ! Le doux vertige ! L'heure de gloire ! Ah, que vienne, que vienne le futur ! Ah, que Marivaux nous emmerde !

Hélas, plus bas, l'ouvreuse à la voix éraillée et aux jambes poilues in petto nous expédie sur une autre planète. N'hurle-t-elle pas : « C'est fini sous les imperméables ! C'est fini sous les imperméables ! C'est fini ? »

On est au courant, comme chaque fois, devant les déhanchements de Sojza, dignement, les travailleurs immigrés se masturbent à l'orchestre sous leurs imperméables. Pluie ou pas pluie, froid ou chaud, les malheureux n'oublient jamais leurs imperméables.

Nous, frustrés de nos rêves d'idylle, furieux car jaloux, nous échappions malgré tout à la tentation d'un racisme élémentaire. Plus tard même, attendris par des amours comblées, nous penserons souvent à eux et à leur solitude onaniste.

Le spectacle tire à sa fin, chacun de nous a deux copains pour affronter la nuit, les becs de gaz, les trottoirs luisants.

Il ne reste plus que le final, l'orchestre, nos reines et le petit gros de la caisse, la vedette, un mètre cinquante-cinq, cent quarante-deux kilos, il a dû becter au marché noir pendant la guerre. Quand il apparaît, nous savons qu'on ne l'oubliera pas, Paul Ancia, un mètre cinquante-cinq, oui, cent quarante-deux, slip noir échancré, soutien-gorge idem, bas résille, talons aiguilles, grand chapeau coquin noir et brillant, tendance american sexy. L'œil canaille, de plus il chante, Paul Ancia, jamais on ne l'oubliera tous les trois.

« Non, je ne marche pas ! Zim ! Non, je ne marche pas ! Boum !
Je suis la p'tite nana d'Amérique !
Non, je ne marche pas ! Zim ! Non, je ne marche pas ! Boum !
Je suis la p'tite nana du Canada ! Vam vam vam vam. »

On applaudit, Paul Ancia aime ça, et nous voilà dehors.

Comme appréhendé, tout est sombre, tout est noir, pluie, becs de gaz, 20 ans, trottoirs luisants.

Rochefort, *inquiet* : « Qu'est-ce qu'on leur raconte demain pour Marivaux ? »

Marielle, *princier* : « On les emmerde ! »

Belmondo, *optimiste* : « On verra. »

Neauphle-le-Château, deux mille et quelques habitants, est desservi par la nationale 12, puis par la départementale 137, appelée avenue de la République, aboutissant place Mancest. La commune est sous contrat avec les sociétés de transports Hourtoule et Veolia, compte quatre courts de tennis et une équipe de foot le Racing 78 Neauphle-Pontchartrin.

Des copains de mes enfants habitent Neauphle-le-Château et saluent tous les matins, en allant à l'école, un vieillard à barbe blanche, élégamment enturbanné, père Noël estival, en quelque sorte. Celui-ci leur rend leurs saluts sous la verrière de sa petite maison aux volets bleus.

J'habite à quelques kilomètres. On murmure, on s'informe. Qui est cet homme ? Pourquoi ces autocars pleins de barbus enturbannés qui arrivent à Neauphle-le-Château s'engouffrent-ils dans la petite maison aux volets bleus pour repartir le soir ?

Ils viennent de Paris, Paris si loin de Neauphle-le-Château dès les beaux jours...

Alors très vite, nous parlons d'autre chose, nous nous sentons peut-être moins concernés par le reste du monde, par beau temps, près de Neauphle-le-Château, dans l'euphorie des Trente Glorieuses.

Un de mes collègues, et non des moindres, Rufus, habite à deux pas de la petite maison aux volets bleus. Sa jeune compagne, dont il est fort épris, et qui lui donnera deux enfants dont il est, à juste titre et objectivité, fier, insiste auprès de Rufus tant aimé, pour que celui-ci obtienne une audience auprès de l'étrange voisin.

Audience accordée ! Impérativement la compagne doit dissimuler son visage. Assez inquiet, on bricole. On bricole un tchador. Coquette, on grillage au plus large devant les yeux de madame.

Rufus, intrigué – on le serait à moins –, interpelle un majordome enturbanné : « Qui est votre patron ?

– C'est l'ayatollah Khomeini. »

Rufus, sensible aux us et coutumes, cueille en hâte dans son jardin la dernière rose de l'été, offrande de bon voisinage.

Je me plais à imaginer l'ayatollah assis pieds nus, en tailleur, sur un petit tapis, genre Ali Baba et les quarante voleurs. Rufus, le collègue-ami, serait dans la même position... Allurale comme il sait l'être, Lawrence d'Arabie de la grande banlieue parisienne en visite chez un Persan.

Sa charmante compagne, elle, langoureuse dans un palanquin, yeux de feu derrière le grillage bricolé à la hâte, cernée olfactivement d'encens de jasmin et de lavande.

Je devrais, ici, tenir compte de ma culture acquise par le truchement des bandes dessinées et des nanars cinématographiques.

La vérité est peut-être, ou pas, tout autre : ce cher Rufus, assis en tailleur ou debout, offre à l'ayatollah Khomeini la dernière rose de l'été. On s'interpose, on se saisit assez violemment de la rose et on disparaît. Les voilà seuls, très loin, bien qu'à Neauphle, face à lui, Rufus, amorce un sourire. L'ayatollah, lui, jamais ne sourit, jamais ne sourira.

On revient avec, en main, un verre à moutarde Amora où s'abreuve à regret, dans une eau trouble, la dernière rose de l'été, ô triste vérité ! ô réalité destructrice !

Je n'ai pas eu de détails sur l'entrevue elle-même, laisse-moi donc, cher Rufus, l'imaginer semblable à celle qu'eut Gary Cooper dans *Les*

Trois Lanciers du Bengale, courte et mutique, face à un hindou têtu, bestialement insoumis.

Pourquoi écrire cela ? Pourquoi avoir rempli de brouillons la panière ? J'osais prétendre dénouer les fils de l'Histoire avec un grand h, comme vous pouvez graphiquement le constater, erreur humiliante, cauchemar abject, résultat douloureux de mes limites et de mes incompétences.

Je désirerais quoi en fait, lecteurs éventuels ? Que nous constations ensemble que nos grandes boucheries, nos insoutenables massacres, pouvaient partir de la place Mancest, des transports Hourtoule et Veolia, de la nationale 12 puis de la départementale 137 ainsi que de l'équipe de football du Racing 78 Neauphle-Pontchartrin ?

Nos bonheurs et nos joies sont fragiles !

Retournons à Neauphle, place Mancest, où sont les marronniers, un courant d'air hivernal atteint Khomeini, en résulte une bronchite chronique interdisant à jamais tout rêve hégémonique à notre sanglant ayatollah, une bronchite pour un monde, un royaume pour un cheval !

Au cours de mes travaux besogneux, j'ai appris de-ci de-là que plusieurs plans avaient été envisagés afin d'empêcher Khomeini de regagner l'Iran.

C'est cela, je sais maintenant, je veux vous présenter un de ces grains de sable qui, au dernier moment, changent la face du monde.

Khomeini est prêt, il va partir.

La République française, alertée par le comportement et la personnalité de l'ayatollah, ne souhaite plus qu'il atterrisse à Téhéran, afin de préserver les Iraniens d'une dictature théocratique des plus redoutables. Permettez ici un grain de sable si invraisemblable qu'il peut être plausible.

Il est envisagé par la France de dissimuler une bombe discrète dans l'avion chargé de ramener Khomeini et sa suite en Iran.

Alexandre de Marenches, homme brillant, patron de la DGSE, met en garde :

« On ne peut prendre cette initiative sans avoir consulté les États-Unis. »

Marenches sollicite une entrevue auprès de Jimmy Carter, président des États-Unis, et roi de la cacahuète.

Rendez-vous pris. Marenches explique le plan envisagé au président Carter. Après réflexion ce dernier dit à Marenches : « Je vais demander à ma mère », et il sort. Alexandre de Marenches, certainement surpris, attend.

L'attente ne sera pas longue.

Carter est de retour : « Ma mère est baptiste, il est hors de question de porter atteinte à un représentant de Dieu, quel que soit le Dieu. »

Marenches prend congé, élégant il rajuste sa cravate, sur sa veste, un grain de sable.

Khomeini atterrira à l'aéroport de Téhéran, qui portera très vite son nom, le 1er février 1979, peut-être à 18 h 35.

À bord de l'avion sans bombe, uniquement des membres de sa garde rapprochée, certains seront pendus après atterrissage.

Dès lors – mon collègue Rufus peut en attester –, c'est bien de Neauphle-le-Château qu'est partie une petite vague, qui à l'atterrissage d'un gros avion est devenue marée haute par gros temps.

Aimer Allah ou mourir, tuer pour mourir, mourir pour ne pas avoir peur de mourir.

En provenance de Neauphle-le-Château, de la place Mancest où sont les marronniers, du ciel est venu l'ordre pour des jeunes gens assoiffés d'héroïsme de sangler des ceintures décorées de bombes discrètes et au nom d'Allah, au nom de Neauphle – Neauphle, une équipe de foot, quatre courts de tennis, département des Yvelines, France – des jeunes gens et jeunes filles appuient sur un bouton, pardon si je m'immisce, et autour du rien, des entrailles.

116

À Téhéran, la rue Neauphle-le-Château est en plein centre, si vous allez en vacances en Iran, la maison d'édition Stock a insisté pour qu'elle soit ici mentionnée en persan. Cette page, la page 117, est facilement détachable, la 118 n'a guère d'intérêt. Il vous suffira, si vous êtes dans le centre, de montrer ceci à des Iraniens.

نو مل لو شسا تو

Ils sont d'un naturel fort aimable les Iraniens, ils se feront un plaisir de vous aider à trouver la rue.

C'est à des détails comme celui-ci qu'on peut reconnaître les maisons d'édition sérieuses et compétentes à l'affût du moindre service auprès de lecteurs éventuels.

La maison Stock appartient incontestablement à cette catégorie.

C'est un Christ sexagénaire et borgne qui sur scène nous scrute. Plein de mansuétude et de compassion, on s'agenouillerait, abstenons-nous. Car l'homme est à facettes.

Nous sommes *on the road Sixty Six*, le Christ borgne passe une langue serpentine sur le gommé d'un papier à cigarette, cigarette virilement roulée *on the road Sixty Six*.

À une dizaine de mètres une Harley-Davidson poussiéreuse et soumise l'attend. Indifférent, il inhale une longue bouffée, contracte sa mâchoire, *on the road* il croit entendre le galop des quadrupèdes qui, contre quelque obole, lui avaient promis un yacht bicolore à personnel ganté et skipper à l'année. Promesses équines non tenues, de Longchamp à Vincennes, en passant par Auteuil.

Ce jour, cet homme solitaire, abandonné du PMU, n'est riche que d'un clope et d'une Harley-Davidson que traquent les huissiers *on the road Sixty Six.*

Pat le Rat, c'est son nom ; Patrick Boshart, son surnom pour les fouineurs de saisies qui ne reconnaissent plus personne en Harley-Davidson.

C'est Doudou la Rafale, jeune mais vieil ami, qui me le fit connaître. C'est Doudou la Rafale, chasseur d'acteurs incongrus, qui fit de Pat le Rat l'interprète de la prose d'Édouard Baer.

Édouard Baer pour les fans, Édouard pour les femmes, Doudou la Rafale pour les proches. Si délicieux, si charmant, si homme jeune séduisant, que je l'épouserais volontiers. Je ne renonce pas, bien qu'il soit parfois si diable, si brillant, si bien élevé, si de bonne famille, que je crains trop d'être dévoré par la jalousie, consumé dans les abysses du chagrin.

Ah trop fort ! Le voici canaille sur scène, canaille-auteur, canaille-acteur, gourmandant Pat le Rat et ses amis, troupe d'histrions, interprètes d'une vie autre qui est la nôtre, problème spécifiquement baerien.

Trop fort ! Le voici sur la Croisette, le gentleman hilarant, animant le festival de Cannes avec un tel brio que des Haneke, Takashi Miike, des deux Dardenne, on s'en tape ! D'Isabelle Huppert et de Spielberg on en a rien à foutre, sans parler de l'acteur serbo-ouzbek et de son prix d'interprétation. On s'en branle de la Palme d'or, partagée pour la première fois entre Toutânkhamon et David Lynch, on en a rien à secouer des décolletés de Nicole Kidman et de Néfertiti, ah non, rien à foutre, nous sommes si fiers de nous sentir moins cons, quand Édouard digresse.

Mais moi alors, pomme d'Adam sous le papillon, à son bras, s'il y avait eu épousailles, j'eusse été encombrant, douloureusement anonyme, pas gratifiant du tout. Serais-je alors le Bergé de Saint Laurent ?

Ah ça non, d'autant que ne voilà-t-il pas qu'Édouard Baer – trop fort vraiment ! –, ne voilà-t-il pas qu'il joue maintenant au théâtre de l'Atelier. Bien qu'essoufflé j'y cours. Il joue Modiano, seul, *Un pedigree* pour les curieux. Sur scène, petite table, petite lumière, petite chaise et lui, prince du sourire effleuré, prince rassembleur d'amis, desquels je faisais partie avant que des troubles incongrus m'envahissent.

Oui, ne voilà-t-il pas que le gentleman hilarant devient siamois, charnellement lié à Modiano. Il vaporise la salle de brouillard, d'interrogations insolubles, de solitude, puis il se déconstruit à petits pas, usant de la pudeur modianesque, ai-je déjà vu cela sur une scène de théâtre ? Non ! D'autant que, sans pitié et trop vite, il tourne le dos et se terre en coulisse, nous orphelanisant à jamais.

Monsieur Baer, rappelez-vous, il y eut alors un long silence.

Silence d'orphelin, avant que, doucement, ayant rangé nos larmes et nos petits miroirs, reflets de ce que nous sommes, doucement, nous applaudîmes, puis plus fort, puis, comment dit-on déjà ? À tout… rompre.

Broyé d'admiration mais suffisamment lucide après votre performance pour encore espérer entre nous un avenir conjugal trop outrageant pour vous et pour vos proches, ne vous inquiétez plus monsieur Baer, j'ai balancé nos alliances dans le ruisseau du trottoir. J'ai attendu qu'elles plongent à jamais, séparées, dans la bouche de l'égout.

De toute façon, très cher Édouard, entre et contre nous, il y avait la différence d'âge.

À Tbilissi, alors en URSS, une jolie native, tailleur Chanel opalescent d'usure, quelques très vieux *Paris Match* sous le bras, exige, en preuve d'amour, que je traverse le 7 octobre la répétition du défilé militaire du 8 octobre entre deux tanks.

Français de gauche, Français de droite, soyez fiers de votre concitoyen. Je l'ai fait ! Notre panache national dissimulait ma trouille, n'ignorant rien des températures hivernales sibériennes, et du trafic. Beaucoup d'allers, rares retours. Je l'ai fait !!!

J'ai même réussi à sourire à mi-parcours ayant appris, la veille, que le géorgien Staline, peureux pathologique, refusait de prendre l'avion.

Alors merde, quoi. Cocorico ! Frérots !

Shakespeare aussi était contre la chirurgie esthétique : « Dieu vous a donné un visage et vous vous en faites un autre. [...] Au couvent Ophélie ! Au couvent ! »

Hamlet, acte III, scène Ire.

Ses bras avaient des ailes, ses rires ressemblaient à son visage, ils éclataient dans les trous d'air du vol Paris-Londres.

Rendez-vous à 12 heures, au bar du Savoy, entretien d'une trentaine de minutes, pas plus, pour le persuader, pour persuader Harold Pinter. Ainsi était Harold, autoritaire et timide.

Le bar du Savoy est noir et or, nous avons à nous trois moins de 90 ans, nous étions dans les créneaux de l'impatience.

Delphine, parfaitement bilingue, m'avait donc lu deux pièces de ce parfait inconnu. Après sa lecture, je marchais sur le boulevard des Batignolles, la plante de mes pieds, dangereusement, ne touchait pas le sol.

Nous sollicitons auprès de Pinter le droit de jouer ces deux pièces. Réponse rapide, succincte :

« Je ne veux pas être joué en France. » Accablés, nous insistons. Bar du Savoy de 12 heures à 12 h 30.

Le bar du Savoy est noir et or.

Delphine Seyrig, brillante, bilingue, et si belle, tente de le persuader. Pourquoi est-elle plus belle encore quand elle parle anglais ? La langue, peut-être ? Des syllabes félines sortent de sa gorge. Parlant un anglais atrophié, je profite des silences pour affirmer à l'aide d'intonations variées : « *We are before a wall* », l'anglais atrophié dans toute sa puissance. Les éclairs de regard que m'adresse ce cher Harold me font comprendre à temps que je l'agace au plus haut point et que, décidément, la France… !

Il en va tout autrement avec Delphine : Harold, métallique, ne perd rien des propos de celle-ci. Je me sens exclu, mais j'ai le génie de ne pas replacer dans un de ces derniers silences, un « *We are…* » Me fusillant quand même d'un ultime regard, à 12 h 25, ce cher Harold nous donne l'autorisation de jouer ses pièces.

Très loin des fous rires provoqués par les trous d'air, un léger sourire de Delphine Seyrig remercie Harold alors que, hilare, je le remercie en compliments bilingues.

C'est ce jour-là que je compris pourquoi, trop souvent, Delphine m'accablait d'un diminutif castrateur : « Jeannot ». Jeannot le gaffeur, Jeannot l'étourdi, Jeannot le gentil comme tout !

L'art dramatique est complexe car, sur scène, Delphine, le plus souvent, était la princesse étourdie et moi le mâle dominant.

Deux grands acteurs – ô combien ! – nous rejoignent. Le premier, Bernard Fresson, avec son visage de mineur de fond qui aurait fait HEC et dont je jouerai l'amant. Nous sommes en 1962, je vous laisse augurer de quelques représentations houleuses. Le second, Michel Bouquet, chirurgien du verbe, conjoint de Seyrig, s'amuse d'être peut-être trompé – Bernard Fresson étant celui qu'on soupçonne –, Bouquet dissimulera pinteriennement les soupçons qui le dévorent.

Alors que Delphine, superbement vêtue d'une robe de nuit d'un blanc de jour, semble ne s'intéresser qu'à son chat angora, lui aussi d'un blanc de jour. Chat adopté par Delphine et qui, pendant deux cents représentations, jouera sur scène sa partition sans une erreur.

Delphine semblait être née pour jouer Pinter, mais Pirandello aussi, et Tchekhov, et tous et bien d'autres. Delphine qui, dans son art, refusait tout ce qui était sans risque, envisageait de jouer Fernando Arrabal, auteur de sang, de mort, et d'or. Entièrement nue elle devait être, à l'époque cela était inenvisageable, le Living Theatre n'étant pas encore arrivé à Paris. Elle incarnait Ève, elle devint Ève, avec un collant si translucide que, nue, elle eût été plus décente.

Dans le « réel », elle l'était tant ! L'élégance incarnée, ayant pris racine à Greenwich Village.

Dans *La prochaine fois je vous le chanterai*, de James Saunders, elle était une sorte de Marilyn Monroe, drôle, godiche et poignante, elle avait trouvé là l'occasion de mettre une tenue typiquement « Greenwich », que nous n'avions encore jamais vue, à savoir jean, baskets, tee-shirt.

Il n'était pas envisageable qu'elle habitât ailleurs que place des Vosges, et son appartement, au dire de Marielle, était la meilleure boîte de Paris. Les soirées y étaient historiques, au mur, des bandes dessinées agrandies à l'extrême devenaient œuvres d'art incluses dans la mouvance, et sur une terrasse côté cour, à l'aube, nous refaisions le monde.

Un ex-mari, peintre blond d'Amérique, juvénile, enthousiaste, chaleureux. Ils avaient eu un enfant blond avant le désaccord et, souvent, il traversait l'Atlantique, et nous montrait gaiement ses œuvres qui avaient leur place sur les murs de la meilleure boîte de Paris. Œuvres abstraites, si gaies qu'elles en étaient dérangeantes. Tout ce que j'aimais. Ignorant le marché de l'art, j'ai voulu acquérir l'une d'elles, hélas inaccessible.

Évidemment, un vieux coupé Jaguar horriblement chiffonné, deux heures avant le lever du rideau, propulsait poussivement Delphine au théâtre.

Pinter, lui, traversait la Manche, pour surveiller nos répétitions et nous remettre dans le droit chemin quand c'était nécessaire. Heureusement, le metteur en scène ne pouvait que s'incliner.

Ce cher Harold, à la cravate inamovible, me prouvait son amitié en m'invitant avec Fresson à des muflées historiques. Devant le café du Dôme, au lever de l'aube, Fresson et moi, enroulés tels des boas constrictors autour d'un bec de gaz, là où pissent les chiens. Fresson tentant de lever la tête pour, dans son brouillard éthylique, admirer ce cher Harold toujours debout, négligeant même l'appui du bec de gaz, cravate en place, veste sortant de l'armoire, défiant le boulevard Raspail, l'horizon, ce cher Harold ! Nelson sans tonneau, Nelson sans pitié pour notre Trafalgar. Il fait jour, il ne bouge pas, déjà sans doute dérangé par les turpitudes guerrières de Nobel, mais sachant qu'il acceptera son prix. Tous les marchands de canons n'anoblissent pas chercheurs et artistes !

Elle encore, si rigoureuse, éclate de rire quand je menace une belle moujik du knout dans une pièce de Tchekhov. Oui, elle éclate de rire, tous les soirs. Surpris, intrigué, je lui en demande la raison.

Delphine, condescendante : « Mais, Jeannot [toujours ce diminutif castrateur quand je fais preuve d'ignorance], le knout, enfin ! Le knout ! Quand vous hurlez à cette jeune fille : "Le knout, tu vas l'avoir, mon knout !" »

ROCHEFORT : « Mais, Delphinium, pour vous, le knout, qu'est-ce que c'est ? »

DELPHINE : « Mais, Jeannot, le sexe de l'homme... ! »

Je réponds d'abord que le knout était à l'origine un nerf de bœuf dont la Russie tsariste frappait les moujiks, puis rigole longuement. Nous pratiquions ce quiproquo tous les soirs depuis deux mois au moins.

Sept ou huit pièces ai-je jouées avec elle ? Elle n'était pas tout à fait nous, elle était différente.

129

Est-ce pour cela que le crabe, la bête immonde, la frappe ? Elle se meurt, on ne prévient pas, je crois avoir la certitude qu'elle ne voulait voir personne et réciproquement.

À nous d'être anéantis, à moi de revendiquer un statut, un titre : frère Orphelin. La mort gagne, la terre tremble.

Avant, bien avant, il y avait des annonceurs au music-hall.

Un soir à Marseille (lire à haute voix, *please*, avec l'accent marseillais) : « Et maintenant, mesdames et messieurs, voici Clara Tambour ! »

Du pigeonnier, là-haut, au troisième étage du théâtre : « C'est une pute ! »

L'animateur : « Quoi qu'il en soit, voici Clara Tambour ! »

Dépité, boule en main sur la place du village (lire également à haute voix, *please*, et toujours avec l'accent marseillais) :

« C'est quand même malheureux de se faire battre à la pétanque, chez soi, par un lord anglais.

– Eh ! quoi ? Oh ! il est pas anglais, il est écossais. Pas vrai, Peter ?

– *Exactly*.

– Alors… ! »

Ces instants, s'en souvenir, les garder.

Lettre d'une fillette juive de 12 ans à son père :
« *Je te dis adieu avant la mort. [...] J'ai tellement
peur de cette mort, parce que l'on jette les petits
enfants vivants dans les fosses.* »

Terre de sang, Timothy Snyder

Ah ça ils pissent sur elles ! Comme si ça n'était
pas assez de les avoir tuées à coups de pierres
les deux gamines de 15 ans qui auraient couché.

Plus loin, un gros tient un nourrisson qui eut
été bilingue, mais il a la tête en bas le nourrisson qui eut été bilingue, il le tient par ses petites
chevilles potelées, il le tient comme un poulet.

Le Français, même absent, n'aime pas être
cocu, et les amants allemands, nazis ou pas, sont
morts ou partis, alors on y va et pas doucement,
la maman du bébé qui aurait pu être bilingue

est enchaînée, couverte de glaviots et de croix gammées.

C'est vrai qu'il y en a qui ont exagéré.

« Monsieur Gestapo,

Je vous prie de m'excuser du fait que je vous dérange, j'habite au deuxième dans mon immeuble et au troisième y a des trépanés du gland très bruyants avec leurs salamalecs et déjà qu'on vient de m'opérer de la vessie culbiliaire et que je dors mal, tout ça s'ajoute.

Si vous pouvez, Monsieur Gestapo, faire comme on m'a dit quelque chose, je serais bien aise.

Avec respect,

Jacqueline Druillard

Post-scriptum : Les trépanés du gland ont une baignoire, pas moi, et c'est vrai que ça rend service, si il arrivait que l'appartement était libre je serais bien intéressée, comme ça quoi, Monsieur Gestapo, c'est juste pour dire. »

Ils en étaient écœurés les fridolins, même ceux de la Gestapo, il faut dire que nous étions les premiers en Europe à lécher d'un coup de langue timbres et enveloppes. Dans leur couloir où les bottes frappaient le sol, il y en avait des pleins sacs, plein de mouchardages, pour m'envoyer tout ça à Drancy et puis après... on ne savait pas où.

Vous me direz que nos alliés auraient pu bombarder les voies ferrées pour que les wagons ne passent plus avec leur chargement de Juifs, de pédés, de gitans, de résistants mal élevés.

Hommes 40   Hommes 40   Hommes 40

Chevaux en long 8   Chevaux en long 8   Che

Les alliés ne s'étaient pas mis d'accord, faut-il ? Ne faut-il pas ? Ils ont réfléchi quatre ans.

Et puis les nazis et leurs Piou-Piou ont été vaincus, vengeances alors ? Par des pas toujours jolis jolis et souvent de dernière heure.

À quatre pattes devant les garages, les collabos lambdas se retrouvaient pantalon aux chevilles avec le gonfleur à pneu dans le cul, on aurait dit des bonshommes Michelin, on les entendait malgré le bruit des gonfleurs, qui à l'époque étaient fort bruyants, hurler : « Tuez-moi, tuez-moi ! » Facile à dire quand c'est parti, c'est parti !

En banlieue, autour de Vichy, il y avait les quiquach, c'était comme ça qu'on appelait les hannetons. On attachait les mains du collabo dans le dos, on tenait fort la tête, on ouvrait les paupières, on posait un quiquach sur l'œil et on cousait les paupières. Ne voulant pas rester dans le noir, le hanneton essayait de fuir, il bougeait fort les pattes, les pattes des quiquach ce sont des herses laboureuses de globes oculaires. Elles en faisaient du hachis des globes oculaires, de très loin aussi on les entendait, les collabos aveugles.

J'avais quoi ? 14 ans ? Je n'arrive pas à oublier. Les psys me disent : « C'est normal », peut-être, mais la nuit ça réveille.

Plus tard au Conservatoire, je n'ignorais pas que mon prof avait été président du Comité d'Épuration du Spectacle. Eux aussi se sont régalés, mais pas nous qui étions restés. Que serait-il advenu de nous sans le cinéma, le théâtre, les acteurs ? Déjà qu'on ne mangeait rien, alors rien, alors le vide.

Comme on les a admirés les acteurs qui jouaient pour nous à la tombée de la nuit, et ceux du cinéma qui nous emmenaient en voyage ! Quand le film était fini, dans la rue, on avait la gorge serrée même si ç'avait été rigolo, alors les autres, comme ça, ils voulaient nous les fusiller, nous les emprisonner nos Dieux ! Ça a grondé très vite. Le comité d'Épuration, rapidement, a sauté quelques séances.

Ils ont quand même emmené menotté, en pyjama, notre Sacha Guitry, qui lui prenait, il est vrai, quelques coupes de champagne avec des officiers nazis, et aussi qui allait voir Tristan Bernard, l'ami juif enfermé au Château de Vincennes pour lui offrir des cache-nez, il fallait lui arracher un sourire et le protéger du froid.

Mais qui sommes-nous ? C'est le moment de se poser la question. Qui est ce mammifère, cette espèce autodestructrice seule sur la planète avec le grand chimpanzé ? Pas le bonobo qui, lui, a trouvé d'autres façons.

Quant à Sacha, le petit-fils du grand Albert Willemetz m'a confié des documents prouvant que Sacha Guitry s'était proposé auprès du herr Schleier de l'ambassade d'Allemagne de prendre la place de Tristan Bernard, déjà vieillard, afin que celui-ci n'aille pas dans les camps de la mort.

Par cette offre suicidaire – avouons-le non ? – Tristan Bernard fut sauvé. On est quoi ? Nous sommes qui ?

Mon prof, président du Comité d'Épuration, plus tard jouera Sacha Guitry. On oublie, on s'arrange avec soi, on est entre autres comme ça. Heureusement, notre prof n'aimait pas Belmondo et ne m'aimait pas.

Dix ans plus tard, il m'invite à dîner, il paie la note et, bourré, avoue que c'était à cause de nous deux qu'il avait abandonné l'enseignement.

Je l'ai à ma main, il a payé la note, c'est le moment de lui dire : « Pourquoi avez-vous été le président de l'Épuration ? », mais bourré, il a l'air d'une épave avec ses trois cheveux chouchoutés sur le crâne.

Et pourquoi ils n'ont pas eu la Légion d'honneur les rigolos qui avaient fait un film censuré par les nazis pour imbécillité ? Forme de résistance. J'ai pu voir le film plus tard, digne des Marx Brothers, Légion d'honneur et chapeau bas messieurs !

On fabrique des armes, on en garde et on en vend, il faut bien vivre. Et le glorieux troufion, avant de mourir, a le temps de lire sur la mitraillette FA-MAS qui lui débouche les tripes, *made in France*. Il meurt alors, nationalement flatté par la précision de notre matériel.

En 1914-1918, les officiers supérieurs étaient plutôt sportsmen, dix mille morts pour une ruine, cuisine, salle de séjour, toiture à refaire, c'est toujours ça que les boches n'auront pas.

Les officiers boches sportsmen également reprenaient vite le deux pièces, pas le temps d'investir au paradis des mouches.

À propos de paradis et des dieux, l'Homo sapiens sapiens en a plein, plus il y a de malheurs, plus on les prie. Bien vu, il faut dire qu'ils sont chaotiques dans la compassion, la petite Juive de 12 ans que j'ai mentionnée en tête, elle l'a bectée sa glaise comme les autres, d'aucuns diront : « Oui mais c'était une Juive, c'est pas pareil ! » « Qu'est-ce que c'est que ça ? » s'écrie le rabbin ! Et on recommence à mettre de l'huile dans les flingots.

Aucune mort assassine n'est inutile, tout est bon, c'est nous, le seul mammifère qui... oui bon, ça va comme ça.

Et le wagon de 1918 ? La reddition bien sévère pour rassurer les marchands de canons, pour être sûrs qu'on remettrait ça assez vite. Rassurons-nous, il y aura aussi des mouches, même en hiver, il n'y aura plus de saisons.

Pour entretenir la soif de revanche en 1919 dans Berlin, si un péquin allait le matin au bureau pour gagner deux ou trois milliards afin d'acheter des nouilles et, préoccupé, il oublie de saluer sur le trottoir un officier français, il prenait une branlée, mais une branlée ! Surtout que french

Piou-Piou en bleu ciel et bande molletière arrivaient en masse pour achever le travail, pas de nouilles pour le fridolin.

Tout ça, ça entretenait bien, y en aura donc une autre, vingt et un ans après, comme le temps passe.

On est comme ça, on va à Lourdes, on rentre fiers d'avoir aidé les autres à avoir fait trempette puis si les circonstances inspirent, on devient monstre. Curieux n'est-ce pas ?

Casanova raconte : Je regardais en place publique un condamné qu'on torturait avant de le finir. Il y avait du monde, du monde qui criait de joie à chaque fois qu'on lui broyait un os, c'était terrible et grisant à la fois, comme une drogue, amis, vous l'avouerai-je, j'ai été envahi, au moment où on lui coupait les couilles, par une phénoménale bouffée de testostérone. J'ai retroussé les lourds jupons de la jeune femme qui était devant moi à laquelle je n'avais pas été présenté, et je l'ai honorée par deux fois. Elle devait être dans le même état, elle n'a rien dit et même discrètement participé. Nous laissions ensemble au condamné le choix des hurlements du plaisir pendant qu'il claquait, voleur de croissants, romanichel, ou assassin de sa grand-mère.

Léo Ferré : « Veste à carreaux ou bien smoking, un portefeuille dans la tête [...] le sens du devoir accompli [...] l'amour qu'on prend comme un express. [...] C'est l'homme ! »

Mais attention les scouts, les abeilles sont rentrées dans Paris, il n'y a plus que là qu'on butine sans mourir disent-elles, les pesticides sont au-delà des périphériques, les abeilles sont dans Paris, les semeurs de pesticides crèvent comme des mouches.

Les Américains du sud sont tabassés ou assassinés afin de laisser pousser le soja qui servira de litière à notre élevage industriel immonde où l'on créa le poulet du pauvre. Pour les désosser, vous soufflez dessus, bon dimanche !

Puis l'Antarctique et les bagnoles, le réchauffement, tout ça, et puis les dieux qui en ont rien à foutre des autres espèces, je vous vois venir, vous me direz : « Et l'Arche de Noé ? » Il y avait une girafe mais pas Porcinet, les classes sociales, déjà.

Allez, je suis obligé d'arrêter, j'ai plus de papier, plus de crayon, plus de taille-crayon, plus rien. D'un autre côté si j'arrête là mes employeurs vont dire : « Eh minute ! Votre affaire là, c'est plutôt pessimiste, c'est pas très commercial. »

Oh j'en ai marre ! J'aurais peut-être pas dû, mais d'un autre côté j'avais rien d'autre à faire.

Merde plus de papier, plus de Signpen, plus de crayon, plus rien.

Ah ! J'ai retrouvé un crayon, je vais pouvoir finir plus gai, plus « commercial ».

Le fond est bon. Il faut espérer ! Le caporal qui, à Ravensbrück, balançait toute la journée des petits gars et des petites filles dans les fours paniquait quand il apprenait que sa fille avait une angine. Le fond est bon.

Et Eichmann qui, selon Hanna Arendt, n'en revenait pas d'être considéré comme un monstre, lui ! Lui monstre ? Lui persuadé et satisfait d'avoir bien fait son travail.

Le fond est bon. Courage !

Et si Hitler avait été reçu aux Beaux-Arts ?

Quelques obligations : raconter à des enfants que leurs arrières-grand-mères avaient des socquettes, des genoux écorchés, et qu'elles pouffaient en voyant passer les garçons.

Belmondo encore ! Normal, trop célèbre pour être connu.

Au milieu des années 1950, il avait l'air d'un soixante-huitard. Il aurait eu un pavé dans la poche, il n'en aurait pas été surpris, nous non plus. Car personne dans les années 1950 ne s'habillait comme lui et le plus stupéfiant était que lui ne semblait pas s'apercevoir qu'il ne s'habillait comme personne. Nous fûmes donc quelques-uns (dont moi, et je n'en suis pas peu fier) à constater qu'un extraterrestre venait d'être reçu au Conservatoire. Sa façon même de bouger, son « élasticité » renforçaient nos espoirs. Nous n'avions pas 20 ans et tout était alors possible. Ses détracteurs les plus engagés n'hésitaient pas à évoquer chez lui une démarche simiesque. Pour ceux-ci, il était le passé, pour d'autres, il était le futur.

Il existe des femmes et des hommes-étoiles. D'où viennent-ils ? Ils sont autour de nous, rares, et, dans les premières rencontres, dérangeants, intrigants. Ne sont-ils pas ceux que nous ne rêvons pas encore d'être ? Et voilà que sous nos yeux ils éclosent : Brando revêt un marcel et fait d'Éros un pantouflard ; Marilyn, d'un coup d'air chaud soulevant sa jupe, fait imploser nos libidos ; Jean Seberg et Belmondo s'entre-regardent un instant, et d'une petite chambre de Montparnasse, font le centre du monde.

Plus tard, Jeanne Moreau se donne au cinéma à celui dont on parle, comme Jeanne Moreau se donne au cinéma. Plus tard encore, les séminaires débordés sont obligés de refuser des vocations sincères, après *Léon Morin, prêtre* de Melville, des centaines de jeunes gens rêvent de se trimbaler en soutane, ignorant que lui seul pouvait le faire comme ça. Mon ami est donc un homme-étoile, je n'en reviens toujours pas !

Mais soyons lucides, les hommes et les femmes-étoiles sont des œuvres d'art contemporain pour toujours.

Quand Belmondo au Conservatoire « passait » une scène, les avertis se précipitaient. Les mots qui sortaient de sa bouche ne pouvaient avoir été écrits auparavant. On ne réchauffe pas les galettes ! Non, les mots parvenaient vivants, évidents, tout neufs.

« Montre-moi tes mains.
– Les voilà !
– Les autres !
– Les autres ?
– Oui.
– Les voilà. »
(Molière, *L'Avare*, acte I, scène III.)

Voilà, évident, pas de problème. Je sortais du cours anéanti. Il jouait le peuple, on était dans le peuple. Plus tard, quand il lui faudrait être un seigneur, il demanderait au voyou d'*À bout de souffle* de s'en charger.

Pour certains, nous étions devant une erreur de vocation, pour d'autres, devant le futur inconditionnel, il recréait tout. Aussi son concours de sortie du Conservatoire fit-il scandale.

« Les autres ! Les voilà. »

Pour conclure, une anecdote. Au fin fond de la Malaisie – la Malaisie des années 1960 –, à bord d'un bimoteur asthmatique, nous nous préparons à atterrir dans un champ, car c'est l'aéroport. L'aéroport c'est une cabane contre laquelle l'unique préposé s'appuie ; à côté de la cabane, une banderole artisanale sur laquelle est écrit : « Bienvenue à Belmondo ». Je crie, je hurle : « Eh, t'as vu ? » Je me retourne : il se marre !

« T'es pas cap ! »

Non pas cap, non ! J'ai pas envie de descendre à marée basse pour voir les corps, ça me plaît pas, surtout qu'ils ont des gros ventres, ceux de Londres, ceux de Birmingham, de Leeds, de Manchester.

J'ai dix ans et j'ai une manie : le nom des villes, savoir d'où les gens viennent, les pays, les maisons. C'est pas pour ça que je suis fort en géo non ! C'est une manie.

Un jour, je lis dans un journal de sport : « Lapébie, du Poitou, remporte le critérium », ça m'a plu. Quand ma mère me dit : « Tiens, j'ai vu Untel », je réponds : « Du Poitou ? » Ma mère n'en peut plus. Une fois, je l'ai vue écraser une larme.

Les morts aux gros ventres étaient anglais, venus dans des grands bateaux et ils mouraient là, à Pornichet, à la Baule, au Pouliguen. Y a quelques jours, on les croisait dans les rues, eux avaient 20 ans, et nous 10, ils nous demandaient : « Sœurs zig-zig ? » On comprenait pas et ça nous plaisait pas.

Les Allemands sont arrivés, mais trop vite, sans prévenir. Les Anglais sont partis mais trop vite, sans prévenir, sur leurs grands bateaux en abandonnant des belles casseroles, des Craven A – paquet rouge et blanc –, et surtout du corned-beef en voilà en veux-tu ! Et ça, vraiment, ça tombait bien.

Nous, les enfants, on pille les camps pour rentrer fiers à la maison. Y en a qui commencent même à faire commerce. Ça aussi ça va vite. Pendant que les grands bateaux anglais se font couper en deux par les bombes des grands avions allemands, y en a qui peuvent s'acheter des bonbons.

À la marée montante, les Anglais nous reviennent mais morts, avec leurs gros ventres. Quand la marée descend, elle en laisse plein sur le sable au milieu des bigorneaux et des petits crabes.

Ceux de Birmingham, de Leeds, de Manchester et même de Londres, ceux qui, il y a trois jours, demandaient, à nous les gosses : « Sœurs zig-zig ? »

Non, pas cap, non ! Je veux pas les voir, la trouille sans doute, et peut-être ma manie des villes, des maisons, des ronds de serviette, tout ça.

Je tomberais dans les pommes en voyant mes copains fouiller les poches des ventrus. Je les vois de loin, ils sortent les portefeuilles. Pour trouver quoi ? Une photo de famille des dernières vacances à Plymouth ? À Brighton ?

C'est flibustier le Baulois, le Pornichétain, et le Pouliguennais. Mon frère et moi, on vient de la ville, c'est peut-être pas pareil.

Au large, les bateaux continuent de couler apportant aux petits flibustiers de nouvelles provendes, y a plus de fumée qu'au cinéma.

Pour faire cinéma, un avion de chasse, un Messerschmitt, tire sur mon copain et moi, à la limite du goémon et du sable humide. Dans le fracas du moteur et de la mitrailleuse, on voit naître des petits trous dans le sable humide, tout près de nous. L'avion est si bas que je vois la tête du pilote, jeune, brun, tête nue. Qu'est-ce que ça veut dire ces petits trous à la limite du goémon et du sable humide ? « Merde, je les ai loupés » ? Ou « Foutez le camp, les enfants, c'est pas pour vous ! » ?

Je me pose toujours la question.

Je suis content d'en parler ici, c'est pénible de garder ça pour soi, un si jeune, si sans casque, l'air si par hasard.

Aujourd'hui, je crois qu'il disait : « Foutez le camp, les enfants, c'est pas pour vous ! »

Quelques jours plus tard nous retournerons à l'école de la Baule ou de Pornichet, ou du Pouliguen, on croisera des soldats allemands qui nous demanderont : « Sœurs zig-zig ? » On comprendra toujours pas, et ça nous plaira toujours pas.

Huit jours plus tard, les Allemands mettront des barbelés sur la plage, plus le droit de se baigner.

Pourtant la mer a tout englouti, maintenant elle est propre.

Je n'ai jamais lu grand-chose sur cet épisode de la guerre 1939-1945, j'y étais, alors je raconte.

En sixième, à Vichy, en 1942-1943, j'ai un copain juif, on se dispute pour un stylo et moi je lui dis : « Sale Juif ! »

Le lendemain, à la sortie, une petite femme me fixe longtemps, je baisse les yeux sans savoir pourquoi. Elle approche, me colle une baffe, c'est sa mère, je n'oublierai pas. Merci.

« Ne bouge pas, Nadine ! Surtout, ne bouge pas ! » Le box est si grand que la jument peut nous charger au galop pendant que, à quatre pattes, dans la paille, nous perfusons son poulain.

Nadine, amie d'enfance, n'a jamais approché un cheval de sa vie. Nous voulons sauver le poulain. Nadine m'écoute. Encore une fois, la jument s'arrête à temps. Il faut avoir confiance dans l'ami pour se persuader que six cents kilos en colère ne peuvent rien contre nous si l'on reste immobile.

Nous ne sommes pas seuls. Perrin le véto, spécialiste équin, deux ou trois photographes, et quelques journalistes.

L'événement est d'importance puisque, pour la première fois en Europe, une jument porteuse s'insurge contre notre présence autour de son poulain, dont elle n'est pas la mère.

La mère biologique, dans un autre box, trou-
blée, mais peu, par le raffut voisin, mange son
foin du matin. Déjà il fait jour, nous sommes
en juin.

Une heure après sa naissance, le poulain aurait
dû se lever et téter afin d'assurer sa survie.

Nous l'avons soulevé dix fois, vingt fois, porté
jusqu'aux mamelles gorgées de lait, et chaque fois,
indifférent, il est retombé sur la paille. Est-il mal
né ? Refuse-t-il ces mamelles parce qu'elles ne
sont pas celles qu'il « devrait » téter ? Le véto
Perrin prend des notes et nous gueule dessus,
épuisé, en colère : « Plus haut, la perf, Nadine ! »
Livide, Nadine tend davantage son bras. C'est
pour cela que la jument abusée nous charge à
nouveau. Dans un souffle, je répète : « Surtout,
Nadine, ne bouge pas ! »

Nadine, amie d'enfance, amie de toujours, ne
bougera pas. Nadine, c'est mère Courage, encore
et encore.

Autour de nous on s'excuse, on s'en va, le
poulain issu du premier transfert d'embryon
d'Europe ne vivra pas. Étendu sur la paille, sans
force, son œil, petit à petit, se couvre d'une sorte
de brouillard, il renonce. Malgré les attaques de
la mère abusée, Nadine me semble émue. Moi-
même qui ai mis beaucoup de poulains au monde,

je ne me sens pas bien, c'est la première fois que l'un d'eux, après ces heures douloureuses, renonce. Il est bai brun avec une liste blanche comme Blandices, sa mère biologique. La jument abusée, elle, est alezane. Rien à voir, ils ne se ressemblent pas. Le jour est levé depuis longtemps, mon coq, qui répond au nom d'Orico, a cessé de chanter. Becs ouverts, les hirondelles, très haut, se gorgent d'insectes, il fera beau. Le véto, déçu, râleur, prend congé, les regards nous suffisent, Nadine en se mouchant, traverse la cour, mon chien rôde, va et vient devant la porte du box, odeur de sang et de placenta, dont la jument abusée s'est nourrie comme toutes ses semblables.

Le soigneur qui travaille avec moi s'appuie à la porte du box. Ignorant nos soucis, il est venu avec un petit appareil photo dans la main droite. Très vite le voilà triste. Je prends le poulain, ou plutôt je le traîne. Dans ma poche, un biberon que Perrin m'a laissé sur la mangeoire rustique, à tout hasard, le poulain « à cheval » sur mes cuisses est sans réaction. C'est lourd, un poulain. Le soigneur me fait savoir que Lagneaux et Palmer de l'INRA de Tours, les scientifiques à l'origine de cette hasardeuse entreprise, ont téléphoné. Je l'en remercie, je fouille dans ma poche, présente le

155

biberon au poulain bai brun à liste blanche. Toujours aucune réaction, il va mourir, je m'endors.

Un petit bruit me réveille, un petit bruit que je n'identifie pas d'abord. Un bruit de quoi ? Un rat peut-être ? Je ne dors plus. Le biberon dans ma main bouge, le poulain tète ! Faites gaffe, les mecs, je vais chialer…

Je l'appellerai Utopic, ça sera son nom, oui, Utopic.

J'ai voulu être un jour Don Quichotte, Cervantès n'a pas voulu.

J'ai un césar sous le bras gauche, or mon ami Marielle dit toujours : « Moi, je ne suis pas un acteur de tombola ! »

Et voilà que je le suis maintenant, pourvu qu'il ne lise pas les journaux, Marielle, j'essuierais son mépris pendant une quinzaine de jours, bien que ce soit le césar du second rôle, c'est quand même moins grave. Mais ça, Marielle, il s'en fout.

La cérémonie vient de se terminer dans un brouhaha d'applaudissements réciproques.

Le président est au bout du couloir, il m'a toujours intimidé, je n'ai jamais osé lui adresser la parole, jamais, mais aujourd'hui, j'ai un césar sous le bras gauche. L'ayant rattrapé, je tapote légèrement sur son épaule.

Le président, sentant qu'on tapote son épaule, se retourne, ses yeux bleu ciel se font agressivement petits, je défaille ! Ses yeux s'agrandissent légèrement, est-ce bon signe ?

« Ah, c'est toi ? me dit Jean Gabin. J'ai cru qu't'étais un journaliste, j'allais t'retourner une mandale ! »

Il repart, de son allure chaloupée, rattrape Michèle Morgan, lui offre son bras, très certainement il lui dit : « J'ai failli retourner une mandale au p'tit con qu'a eu le s'cond rôle, j'croyais qu'c'était un journaliste. »

Je suis seul maintenant, au milieu du couloir, mon césar sous le bras gauche. Plus loin, le mouvement saccadé des épaules de Michèle Morgan et de Jean Gabin m'indique qu'ils sont en train de rigoler ; Michèle Morgan se retourne, me jette un regard que, dans ma solitude, j'entrevois chaleureux. Elle a de beaux yeux, vous le saviez ?

Est-ce en plein jour ou en pleine nuit ?

Fait-il chaud ? Une chaleur sèche, avec grand vent ?

Fait-il froid ? Ces grands froids où on est transi, les doigts gourds ?

On ne peut être transi, nos doigts ne peuvent être gourds.

.Ce jour-là, cette nuit-là, il y a deux cent cinquante millions d'années, un volcan que l'on peut approximativement situer en Sibérie entre en éruption. Il y restera une centaine de millions d'années et recouvrira le globe d'une épaisseur de lave équivalente à trois tours Eiffel.

Conséquence : le gaz carbonique émis par le volcan, alors que les systèmes respiratoires primitifs – nous sommes dans le permien – ne sont pas à même d'affronter le manque d'oxygène, provoquera la disparition presque totale du vivant.

Presque. Les paléontologues affirment aujourd'hui, grâce à l'étude des fossiles, qu'un petit animal de la taille d'un chat a survécu au cataclysme.

Toujours grâce à l'étude des fossiles, il est constaté que celui-ci a des moustaches et, par là même, une fourrure. Il n'en est pas moins classé par les scientifiques « reptile mammalien ». Il est également constaté qu'il a une plaque osseuse entre la gueule et le museau, caractéristique purement mammalienne.

En outre, les paléontologues découvrent que le thrinaxodon – c'est ainsi qu'on l'appelle – a un diaphragme, muscle à la fois large et mince qui sépare le thorax de l'abdomen, sa contraction provoque l'augmentation du volume de la cage thoracique et, par voie de conséquence, le volume de l'inspiration.

Le thrinaxodon peut donc se nourrir d'insectes et de charognes dans de meilleures conditions que les autres espèces survivantes du fait de la « modernité » de son système respiratoire.

Le thrinaxodon vit en groupe et creuse des terriers pour abriter et nourrir ses petits.

Permettez-moi humblement de tenir compte ici de la probabilité du hasard en m'appuyant sur les compétences de Julien Rochefort, comédien et ornithologue reconnu : « Bien sûr, notre thrinaxodon avait un diaphragme qui a dû considérablement l'aider à survivre dans les conditions climatiques engendrées par l'éruption du volcan, mais le thrinaxodon, insiste Julien Rochefort, avait un diaphragme avant l'éruption. La fonction ne créerait pas l'organe contrairement à ce qu'affirmait Lamarck, seul le hasard est probable, l'ignoble et merveilleux hasard ! »

« *Le thrinaxodon a donné naissance à toutes les espèces importantes dont descendent les mammifères actuels. Si le thrinaxodon n'avait pas survécu à cette extinction massive, nous ne serions pas là. Il y aurait autre chose mais pas nous.* »

Dr Ward
(paléontologue et professeur de biologie
à l'université de Washington)

Sans les reptiles, il n'y aurait pas d'étourneaux. Sans le thrinaxodon, il n'y aurait pas d'Homo sapiens sapiens. Sans l'Homo sapiens, il n'y aurait pas… et ici rendons grâce au thrinaxodon, prémammifère de la taille d'un chat, courageux thrinaxodon qui sut survivre. Sans lui nous risquions de ne pas être et de ne pas avoir :

Fleury Michon, le « torchon sans couenne » ;
Saint-Loup, fromage de chèvre de chez M. Seguin ;
Justin Bridou, le Cochonou ;
Justin Bridou, Bâton de Berger (saucisson sec supérieur) ;
Petit Marseillais, « pour une action ciblée » ;
Sojasun, le « végétal n'a pas fini de nous surprendre » ;
Vitaminwater power-C, « pour soulever des montagnes » ;
L'Oréal Professionnel, Intense Repair (Série Expert) ;
Charal Burger, édition limitée ;
Connétable, sardines de garde ;
Le Gaulois, l'« extra-tendre » ;
L'étoile du Vercors, saint-marcellin résistant ;
Bjorg, terrine au chardonnay à tartiner, certifié AB ;
Cassegrain, Jockey Club flageolets cuisinés extra-fins ;
Géant Vert, asperges vertes miniatures ;
Géant Vert, asperges non calibrées ;
Nautilus, crabe royal Antarctique (sans cartilage)
Ficello, le « fromage trop rigolo à effilocher » ;
Labeyrie, le « raffinement à l'état brut » ;

Bordeau Chesnel, la « véritable » rillette du Mans ;
Knacki Herta, « 100 % pur porc » ;
Uncle Ben's, « c'est toujours un succès » ;
Paysan Breton, le « beurre moulé doux » ;
Lou Chambri, « écrevisses libres et sauvages » ;
Petitjean, quenelles de veau sauce financière ;
Le Pâté Hénaff ;
Louis Martin, chair de tomate ;
Martin's, haricots blancs, pois chiches...

Le phoque intrigué, les producteurs étranglés par les marges des mafias assassines.

J'ai pris l'avion de 9 h 10 à Orly.

À 13 heures à Cinecittà, Charlton Heston me demande s'il peut s'asseoir à ma table. Je balbutie « Volontiers », la conversation s'engage, j'en saisis la moitié mais parviens à sourire aux bons endroits.

Je termine ma mozzarella quand on nous demande, à Heston et à moi, si on peut s'asseoir à notre table. D'un naturel timide, j'aurais bien voulu répondre que j'ai, hélas, réservé ces deux places pour ma maman et mon petit frère qui ne sauraient tarder. Trop tard, Sean Connery, 007, mâchoires puissantes, commande son hors-d'œuvre tout en engageant avec Heston une conversation joyeuse.

Tétanisé, il ne me reste plus qu'à fixer de temps en temps avec appréhension la chaise encore libre.

Elle ne l'est plus soudain car, sans l'ombre d'un protocole, Mark Forest s'y assied.

Mark Forest, le roi du péplum, celui qui enchaîne chaque année à Cinecittà quatre ou cinq aventures de Maciste ou d'Hercule, c'est selon. Il incarne l'éternel justicier musclé, ce que je peux confirmer ici, notre collègue étant en tenue de travail – slip hellénique, toge guerrière et marcel belliqueux –, ce qui me permet de constater que ses biceps sont plus gros que mes cuisses. Mark Forest est chaleureux et enthousiaste.

Les aventures de Maciste ou d'Hercule se vendent dans le monde entier, les scenarii sont simples, l'un ou l'autre se doivent d'abattre à la seule force de leurs biceps des colonnes doriques, ioniques, et quelques fois corinthiennes, afin de libérer l'héroïne, ô combien désirable ! bien que croupissant dans un cachot.

Conséquence de la mode pré-soixante-huitarde, au cinéma, un héros doit sortir, toutes situations confondues, après chaque plan de chez le coiffeur, et si slip hellénique il y a, il se doit d'être jaune or soyeux, le nœud ventral évoquant timidement un pénis en pleine sieste.

Je me dois aussi de rappeler que les jeunes femmes de haut rang qui se languissent sur la paille des cachots sordides gardent vaille que vaille diadème, robe, maquillage et coiffure dans un état parfait, afin d'être présentables quand Maciste ou Hercule, toujours interprété par Forest, arrachera la porte de l'immonde geôle, de manière à leur rendre la liberté et d'épargner à ces jeunes filles toujours de haut rang une mort atroce dans une fosse grouillante de reptiles, séquence devenue un des tubes du genre.

Revenons à notre déjeuner impromptu. Sean Connery, Charlton Heston et surtout moi écoutons avec respect Mark Forest fort disert sur ses exploits cinématographiques, disert à tel point qu'une sorte de torpeur digestive nous envahit tous trois, torpeur digestive dont je suis arraché croyant reconnaître mon nom parmi les colonnes doriques, car Maciste et Hercule parlent effectivement de Rochefort qu'ils ont vu au théâtre avec la sublime Delphine Seyrig, interprétant *L'Amant* d'Harold Pinter.

Ma torpeur se dissout définitivement quand Forest m'avoue qu'il est jaloux, que là était son rêve : « Jouer Pinter au théâtre, c'est autre chose que d'abattre des colonnes. » Stupéfait, ému, je tente de répondre : « Cher Mark... » quand, à mon grand étonnement, Mark, Sean et Charlton se lèvent, et brusquement préoccupés, disparaissent.

Pantois, me voilà seul.

167

Il ne me reste plus qu'à réinvestir ma perruque pour essayer de séduire, vainement et pour la énième fois, la marquise des Anges.

Ont-ils monté un coup pour se foutre de moi ? Ai-je trop parlé à droite et à gauche de mes activités théâtrales, espérant ainsi être pris en considération auprès des stars de Cinecittà ? Hélas, c'est possible !

J'ai 32 ans, un grattement de gorge d'abord, puis, tentant la désinvolture, je commande un cigare. Tout était possible là-bas, là-bas à Cinecittà.

« Antigone ! C'est par cette porte qu'on regagne ta chambre. Où t'en vas-tu par là ?

— Vous le savez bien, [...] il faut que j'aille enterrer mon frère que vos hommes ont découvert. [...] Pauvre Créon ! Avec mes ongles cassés et pleins de terre et les bleus que tes gardes m'ont faits au bras, avec ma peur qui me tord le ventre, moi je suis reine. »

Je ne veux pas aller au théâtre, j'ai 14 ans, j'ai faim, et pas question de me taper des topinambours à la bougie après le couvre-feu.

Maintenant j'ai froid, nous avons froid, la trappe du plafond est ouverte, c'est la fin de l'hiver, les jours rallongent, alors on ouvre la trappe du plafond, un peu de jour, puisqu'il en reste, ça aide les petits projecteurs parcimonieux accrochés au plafond, on a froid, et moi j'aime Antigone.

Plus tard, je me marierai avec elle, c'est décidé. Si je pouvais, je monterais sur la scène et l'aiderais à enterrer Polynice, son frère, elle, elle veut, mais son oncle, Créon, préfère laisser le travail aux corbeaux.

C'est révoltant, et Antigone est révoltée, et moi aussi je me révolte, elle désobéit, elle résiste, elle est si belle, mais pas tout de suite, il faut attendre un petit moment avant d'être foudroyé, je l'aime, je serai son mari, mais plus tard, je n'ai que 14 ans.

Antigone, il faut enterrer mon beau-frère Polynice, n'est-il pas un de nos absents, un de nos Juifs, un de nos soldats de plomb en bandes molletières, eux tous comme Polynice, sans dernier domicile fixe, sans linceul, sans cercueil ? De nos jours, ils ont du mal à s'envoler, les corbeaux, il faut que tu enterres Polynice, Antigone, mon amour.

Dans la salle beaucoup pleurent, dans la salle, tout le monde gardera le secret, même si Créon a des soupçons, il n'aura pas de certitudes, fais vite, nous sommes en 1944, bientôt la guerre sera finie, bientôt nous serons libres, on ne mangera plus de topinambours, et tu auras enterré Polynice. Tout le monde gardera le secret de nos fiançailles, même ma mère, même maman ?

Pourtant si bavarde, si heureuse d'annoncer les bonnes nouvelles, ma mère, maman ? Je prends sa main, la serre très fort, les gardes de Créon brutalisent Antigone, quand on est un garçon, qu'on a 14 ans, les mains de nos mères sont des bouées dans nos tempêtes et la voilà, la tempête !

Antigone, ignorant l'amour que je lui porte, à bout de souffrance, de forces, et d'impuissance choisit la mort dans une grotte obscure. Ah, le bruit de la corde tendue ! Ma mère pousse un cri, peut-être avait-elle déjà tout organisé pour le mariage d'Antigone et de son fils, nous aurions attendu la fin de la guerre bien sûr, pas question de servir des topinambours, ah non ! Ça non.

Et moi, le fiancé, à demi évanoui, incapable de courir pour avertir le peuple que le royaume est pourri, qu'Antigone est morte, qu'elle ne sera pas ma femme, que Polynice, désormais, appartient aux corbeaux !

Dans un brouillard, j'entends des applaudissements, tout le monde se lève, dans un brouillard, je vois Créon sur la scène, je vois ses gardes, j'entrevois Hémon, Ismène, Eurydice que je croyais perdue, la nourrice, et Elle aussi, Elle qui salue, Elle qui n'est pas morte ! Le théâtre est un menteur !

On se disperse, ma mère m'entraîne de force sur la petite place, devant le théâtre de l'Atelier, alors que la nuit commence à tomber, on s'observe, on se regarde, des femmes de tous âges, les yeux rouges, rangent dans leurs sacs des mouchoirs ; des hommes très vieux, ou très jeunes, comme honteux, fixent le sol.

Nous aimerions nous prendre par la main, former une ronde immobile et silencieuse, jusqu'à ce que la nuit tombe, jusqu'au risque du couvre-feu, il suffirait que l'un commence, moi ? Trop jeune, je n'ose pas…

Plus tard, dans la cuisine, aux vitres bleu marine, à la lumière d'une bougie de suif, ma mère et moi mangeons nos topinambours en silence après les avoir préalablement coupés en rondelles, nous avons changé, nous ne nous regardons pas, nous débarrassons, je dépose mon assiette dans l'évier après avoir fait couler l'eau, j'ai tellement de peine.

« Maman, les acteurs meurent quand les héros meurent ? »
Elle a la gentillesse de sourire : « Pas toujours. »

Peut-être reverrai-je alors un jour Antigone, assise à croupetons sur un char d'assaut américain, elle reconnaîtrait immédiatement le prétendu beau-frère de Polynice, elle sauterait du char dans mes bras, il y aurait des accordéonistes avec des bérets, je l'entraînerais dans une valse déjà un peu swingante, je swinguerais avec mon amour, avec Antigone, fille d'Œdipe et de Jocaste, situation certes assez gênante, mais cette fois on s'en foutrait puisque... Il ne me reste plus qu'à plier ma serviette, le théâtre est un menteur !

Plus tard, j'apprendrai qu'Antigone est la femme de Jean Anouilh, plus tard, j'aurai toujours peur des adultes, plus tard...

Je me cogne partout, j'ai des bleus partout, j'aime Antigone, j'aime l'amour, j'ai envie de pleurer, je voudrais mourir.

On me sert un second whisky à l'ambre délicat, je crains de faire tintinnabuler les glaçons en le portant à mes lèvres, risquant ainsi de rompre le silence qui humidifie mes aisselles, ce qui ne m'était encore jamais arrivé.

J'ose interpeller l'huissier qui semble à jamais congelé dans le grand salon : « J'ai dû me tromper de jour ?

– Pas du tout, monsieur, Sa Majesté, M. le président et madame, M. Kissinger, MM.... – pardonnez-moi, les autres noms m'échappent – seront là dans un quart d'heure, dîner à 20 h 30. »

Je n'ai pas lu le carton élyséen. J'ai dit oui, comme ça, un soir de spleen, pensant que nous serions quatre cents au minimum et que je rencontrerais des amis.

Il me faut rester désinvolte. Mais sans désinvolture et d'une voix de fausset, j'interpelle de nouveau : « Combien serons-nous ?

– Huit », me répond l'homme en amorçant une sortie. Puis, revenant sur ses pas : « Surtout, si je puis me permettre, pas de baisemain à la reine, mais une légère inclinaison ; en revanche, baisemain pour la présidente. » Il sort.

Huit, huit d'un coup ! La reine d'Angleterre, Kissinger, le président, et moi qui parle anglais mais ne le comprends pas !

J'aurais pu « m'enrouler les pinceaux », comme on disait entre copains en terminale. Eh bien, non ! À 20 h 15, je m'incline devant la reine et baise la main de la Première dame de France.

Où serai-je assis ? Pourvu qu'on ne serve pas de rollmops… Je ne digère pas les rollmops. Tout petit, déjà… My God, je suis assis en face de la reine ! À 20 h 30, dans une sorte de brouillard, je réalise que l'idiome pratiqué à l'Élysée est le français.

N'être rien, ne pas oser respirer ! Kissinger m'interpelle, je ne comprends pas ce qu'il me demande, je réponds en faisant quelques bulles. La reine est surprise. Un long silence, si seulement je pouvais fondre, devenir une flaque !

Toujours dans un brouillard, je crois entendre que le président de tous les Français, outre-mer inclus, Valéry Giscard d'Estaing, parle de moi. Une flaque, vous dis-je, je voudrais être une flaque ! Je suis d'origine provinciale et d'un naturel timide. Qu'on ne me questionne pas, surtout, sur rien ! Je ne sais même plus si notre président est l'initiateur de Jurassic Park ou du Futuroscope !

Le président de tous les Français, outre-mer inclus, s'adressant à la reine, informe celle-ci que je ne suis pas qu'un acteur qui ? que ? quoi ? qu'est-ce ? mais également un éleveur de chevaux d'une certaine réputation.

« Vraiment ? » dit la reine.

Je décrypte une matoiserie dans le « Vraiment ? » de Sa Majesté. Il y a un « Nous allons voir ça » dans la matoiserie de Sa Majesté. On connaît d'Elizabeth II, reine d'Angleterre, sa passion pour les chevaux et sa compétence.

À nouveau, un silence vertigineux. Je me dois d'inspirer longuement et d'un seul trait tenter d'abattre ma carte. Enfin, ébahi et au bord du précipice, je reconnais ma voix : « J'ai d'ailleurs eu l'honneur, Majesté, d'assister à la victoire de la princesse Anne aux championnats d'Europe de concours complet qui eurent lieu au haras du

Pin. » Ai-je ajouté : « Bon sang ne saurait mentir » ? La réponse appartient aux historiens.

Un autre silence, moins respirable encore. Autour de la table, les visages sont figés. Que va répondre la reine aux « politiques », à cette phrase par trop sibylline pour eux ?

« Je suis ravie, dit-elle. Vous étiez donc au haras du Pin, ce jour-là ?

– Oui, Majesté.

– Quel temps le jour du cross, n'est-ce pas ?

– Il a plu toute la journée, Majesté. »

Et la détente, soudain, fut générale !

Les hommes de pouvoir, en toute tranquillité, oubliant le protocole, papoteront planète, alliances, méfiance, pièges à cons, chausse-trapes. Alors que Sa Majesté et votre serviteur échangeront sur : bourricot, canasson, bourrique, seigneur quadrupède, victoire, défaite, odeur du crottin qui allie si bien le terroir au smoking.

« Êtes-vous certaine, Majesté, que le général de Castries était encore recordman du saut en longueur à cheval quand il s'est rendu aux "Viets" dans l'enfer de Diên Biên Phu, en Indochine ?

– Je m'informerai, cher Rochefort, et vous ferai parvenir la réponse.

– Merci, Majesté. Je me suis laissé dire que vous ferriez toujours à froid dans le Hampshire ?

– De moins en moins », répond la reine.

Notre conversation allant bon train, je ressens l'envie de m'autoriser un rêve : à la terrasse du Flore, de bon matin, nous prenons le thé avec des croissants, Z'abeth II et moi. Sa Majesté m'interpelle :
« Viendrez-vous à Londres, cher Jean ?
– Pour le jumping, certainement. »
« Oh, regardez, Z'abeth, Woody Allen traverse le boulevard, »[1]

1. Texte paru dans *Le Monde* du 28 juillet 2012.

DEPARDIEU : « Barbara veut te voir. »

ROCHEFORT : « Oui, tu me l'as déjà dit, j'irai. »

L'hiver passe.

DEPARDIEU : « Tu ne vas pas voir Barbara, tu déconnes ou quoi ? »

ROCHEFORT : « Non, j'irai, sans déconner. »

Je ne savais pas Barbara malade à en mourir.

On est ailleurs, on s'occupe passionnément de soi, quelques satisfactions rendent l'ego encombrant, mais ne pas tenir la main de ceux qu'on aime, de ceux qu'on admire – elle n'aurait pas aimé que j'écrive ça –, les oublier alors ?

Même pas le droit d'avoir honte. Un seul remède : le plus longtemps possible, s'ignorer.

Grises et pachydermiques sont les caméras de télévision dans les années cinquante.

Menaçantes de surcroît, elles suivent avec leurs objectifs torves les acteurs dans leurs déplacements hasardeux. Un bouquet de câbles au diamètre de pipeline les accompagne bruyamment, halé par des jeunes gens rapidement épuisés que l'on appelle, avec une contemporanéité qui ne nous échappe pas, *cableman*, ou *cablemen* quand ils sont plusieurs.

Terreur, quand nous avons à apprendre mille lignes en trois semaines, enthousiasme aussi, car nous sommes payés à la ligne, terreur sans enthousiasme, car nous jouons en direct sans reprise possible et le trou de mémoire si bien nommé nous hante.

Exemple : avocat de Marie-Antoinette, j'harangue la foule pour tenter de persuader celle-ci de l'innocence de la reine ; parmi la foule, trois figurants portent des lunettes de soleil, ma stupéfaction draine à une vitesse stupéfiante l'inconcevable trou de mémoire, ma plaidoirie s'achève en onomatopées incertaines.

Aux studios des Buttes-Chaumont, des hordes de chats sauvages et leurs petits envahissent les couloirs. Les femmes de ménage, maternelles, compatissantes, les nourrissent quotidiennement, et leur arrivée matinale, balai pour le sol dans la main droite, et gamelle pour les chats dans la main gauche, déclenche des centaines de miaulements vibratoires.

Il faut attendre l'ouverture des gamelles afin de pouvoir reprendre nos répétitions : Sophocle, Shakespeare, Goethe, Brecht, Molière, Racine, etc.

Notre télévision était ambitieuse !

Grâce à elle, plus d'affrontements, plus de guerres commercialo-sanguinaires, le monde allait devenir le frère du monde. Nous nous nourrissions de rêves incongrus.

Dans notre loge enfumée, Jacques Brel et moi, au cabaret des Trois-Baudets :

ROCHEFORT : « Mais merde ! Merde ! Tu sors de scène, t'es dans la loge, et le public applaudit toujours, c'est sûr qu'avec tes trois chansons, t'as pas de quoi les occuper, alors il faut que tu bosses ! »

BREL : « Je m'en fous ! La chanson, ça m'intéresse pas, ce que je veux, c'est être reporter à la télévision, tout va changer ! »

Don Quichotte du petit écran, nous nous nourrissions de rêves incongrus, bonjour Jeanine !

Incongru, tout ne l'est pas, il règne dans les studios des Buttes-Chaumont une chaleur, une amitié, une complicité de pionniers, tous corps de métiers confondus, c'est épatant !

Je sors de ma loge pour aller sur le plateau, je suis habillé en serpent, il y a des œuvres comme ça, il y a des auteurs comme ça qui écrivent des pièces comme ça, avec des serpents qui parlent. Je suis livide, j'ai envie de vomir. Dans le couloir, Monique balaie en arrosant au fur et à mesure, c'est nécessaire si on veut colmater la poussière :

« Ç'a pas l'air d'aller, Jeannot ?

– J'ai la trouille, neuf cent vingt lignes.

– C'est rien, si t'as un trou, t'attends, tu sifflotes, comme t'es un serpent ça ira, tu respires par le ventre, surtout tu t'énerves pas et ça reviendra tout seul. »

Une heure et demie après, le reptile ressort du plateau :

« Merci, Monique.

– Faut m'écouter, c'est tout. »

Joliment, elle me sourit.

Quelques années plus tard, un film de guerre sur le tournage duquel je m'ennuie ferme. La Camargue joue l'Indochine, moi un sergent-chef pacifiste, ça ne pouvait pas être le héros.

Les esprits déjà ont changé. Les hiérarchies s'amidonnent, les supérieurs réapprennent à toiser, d'aucuns éprouvent pour eux-mêmes une passion sans bornes.

Heureusement, il y a Robert, l'accessoiriste. Au cinéma, l'accessoiriste, c'est celui à qui on demande dans les plus brefs délais une Rolls-Royce rose à étoiles vertes et qui, sans s'étonner, obtempère. Nous sommes amis, Robert et moi, et les semaines sont moins longues.

Des moustiques femelles nous dévorent tous, excepté Robert, qui, lui, n'est jamais piqué. Robert, un mètre quatre-vingt-cinq, maigre comme un cent de clous, amateur de pastis au-delà du possible, livide sous le soleil camarguais du mois d'août.

Nous marchons dans un champ d'herbes sèches, l'air vibre de torpeur, je m'inquiète de son mégot humide et de sa cendre rougeoyante qui pourrait en un instant enflammer la Camargue.

« Pourquoi les moustiques te piquent pas, Robert ? »

Il s'arrête un temps très long dont il profite pour dévisser son mégot.

« Écoute-moi bien, Jeannot, si une moustique me pique, elle dégueule ! »

Ah, comme j'aime ça ! Comme j'aimais tout ça ! Cette camaraderie de l'enfance qui tente de perdurer coûte que coûte. Robert est si sincère que j'espère voir dans l'instant une moustique, qui, prise de court, dégueule sur son épaule.

Travailleurs du fictionnel, écoutez les bruits, écoutez les sons, écoutez tout, écoutez dans les bistrots, à la National Gallery, tout est bon à prendre, à saisir, vivre notre espèce c'est l'embrasser et... ah çà, mais je digresse sérieux, laissons les chats dormir.

Pourquoi être sur la passerelle d'un escorteur d'escadre à deux heures du matin ? Parce que je ne peux pas dormir, malgré le Famous Grouse et le château-margaux.

Quand, rarement, l'Atlantique dort, avec le froid il devient sucre en poudre, ne pas sauter par-dessus bord, c'est un leurre.

Rarement, de l'autre côté du monde liquide, une lumière.

Ça bouge tout le temps les escorteurs d'escadre et d'importance, c'est pas prévu pour la plaisance, c'est long, c'est étroit, le but est d'aller caresser le pôle Nord.

Le commandant fume jour après nuit, « Vous comprenez, c'est un vieux bateau, c'est son dernier voyage. » On comprend.

Sur ce village de métal, la nuit tombe, noire comme l'océan, seule, par endroits, l'écume des vagues. Est-ce Caron qui nous entraîne dans sa barque ? Le monde est vide, il n'y a rien.

Le haut commandement a tout prévu pourtant. Du marc de Bourgogne au château-margaux, du blanc, du rouge, des whiskys importés, des liqueurs douces, tout est en ordre pour les combats nocturnes.

Sur la passerelle, seul, je cherche une lumière, quel que soit le point cardinal, je guette le souffle d'une baleine, mais pas que le vin inventerait, une bien vivante ! Témoin passif, c'est tout.

N'attendant rien de moi, je guette quoi ? J'espère quoi ? Le nautonier infernal ? Ah non, c'est trop tôt ! Ne m'emmène pas !

On ne se retrouve pas marin de haute mer comme ça, sans mode d'emploi, sans initiation, « Zéro la barre », « La barre est à zéro », impossible quand l'escorteur d'escadre est à des jours et des nuits et des nuits et des jours des continents immobiles. Il faut exiger du marc de Bourgogne, du château-margaux, des whiskys et des liqueurs douces qu'ils nous emmènent nuitamment au sein de l'herbe, du bitume et des gravillons. C'est le garde-fou.

Que le château-margaux me laisse debout et immobile quand, dans les grands creux, le pont devient océan. Demandons à l'alcool, même submergé, de nous laisser dans le Maine-et-Loire.

Emporté par le ressac, je ne veux plus me retrouver à genoux, je ne veux plus m'incliner devant le gros temps. Que la liqueur et le vin m'emportent sur les continents immobiles, à Châtillon-en-Bazois, à Toulon, à Lorient, d'où nous fîmes mugir le navire.

« Donne ton pied, salope ! » À quelques mètres de moi, un homme, de dos, face aux chaudrons de la mer, donne l'ordre, exige, impose : « Donne ton pied, salope ! » Il est droit, immobile, il exige, il impose : « Donne ton pied, salope ! »

Est-ce lui que j'espère ? Est-ce lui qui me montre le chemin ?

Il se retourne et m'interpelle. « La couleur du château-margaux, c'est la terre ! »

Le château-margaux, oui ! Ne plus attendre le souffle des baleines, ni Caron, le nautonier.

Que le vin nous emporte ! Dès la nuit tombée, là-bas, au pays des juments, des salopes, des tendrement aimées, le vin et la nuit, c'est le rêve, la nuit, c'est l'oubli, il me faut apprendre à fuir nuitamment sur les continents immobiles. Merci, l'homme !

Je le reconnais ! « Donne ton pied, salope ! », il s'adresse à sa jument, toujours capricieuse à la ferrure.

Pour ta gloire, ami, l'océan offusqué invente des chutes d'ascenseur, fier de faire savoir qu'il est, et sera, pour toujours, le « chevalier de la Salope », et que toute injure à son endroit déclenchera la tempête.

« Salope ! », force 10.
« Donne », force 7.   } Voilà sa manœuvre.
« Ton pied », force 9.

C'est la guerre ! L'homme ne cédera pas, c'est sa jument, c'est la sienne, jusqu'au bout des crins, jusqu'au souffle des nasaux, jusqu'au regard.

« Donne ton pied, salope ! », force 7-9-10, nous nous accrochons au bastingage. Inutile d'avoir l'impudence de m'adresser à lui, de le supplier de faire de sa chemise le drapeau de la reddition, je ne veux pas de son mépris, « Donne ton pied, salope ! » hurle l'homme, rage de l'océan, qui sort ses dents blanches, nous tombons alors, lui glorieux, moi grotesque, trempé et grelottant. Le premier à se relever, c'est l'homme à l'ivresse active, l'homme qui exige, l'homme qui impose et qui, bouteilles au sol, ingénieusement bouchées, m'offre une rasade.

Je compte, alors ! J'existe ! Je deviens son féal. J'apprendrai tout de lui, l'émotion me gagne, me féminise, sur mes joues est-ce l'océan ? Suis-je sauvé enfin de mon alcoolisme apathique ?

Demandons aux divines bouteilles de générer l'ombre et la lumière, les feuilles qui tombent, le bruit des sabots, les érections généreuses résultantes d'images ou d'effluves recréés. Vite ! Il nous faut, œil mi-clos, courir dans l'herbe, aller chercher le courrier, engueuler le clébard, vivre le rendez-vous avec Eugénie, et, pour les officiers, jouer au golf.

Subjugué par sa rasade, l'homme exige à nouveau, et pour la dernière fois, de sa jument une soumission complète, mais le chevalier de la Salope, grisé par son blason récent, à demi nous submerge. L'homme m'accorde un regard, un « Nous ne céderons pas ! » C'est un buveur tardif, cinquante ans de jus de fruits, dix ans des meilleurs crus, la défaite est impossible.

L'océan et la jument céderont ! L'homme, c'est Dufilho Jacques, c'est lui, qui, dans un cabaret de la rive gauche, faisait d'une petite cuillère un poisson rouge, déclenchant le rire ou l'atterrement. Alors déguisé en bonne du château, le prince de la Passerelle, voix aiguë, accent de terroir, informait les visiteurs : « Messieurs dames, je vous présente une commode Louis XVI, ici une commode Louis XV, et ici une commode Louis XIII… seulement ! »

Demain, au crépuscule, je mêlerai le Famous Grouse à la Marie Brizard, ah, l'homme ! Merci pour l'action, merci pour le courage ! Demain, à la nuit, fuyant ici je partirai là-bas, vivre au centre des rues.

L'océan gronde, le nobliau de mes deux ne renonce pas, Dufilho Jacques rugit : « Ta gueule ! »

Un silence d'abord. Comme un lustre après sa chute, l'Atlantique Nord devient sucre en poudre, flaque soumise, force 0.

Au sommet de ma joie, conscient d'accéder à la bouteille du chef, au club des « Donne ton pied », très fermé, dit-on, engageons Claude Rich à nous suivre au club des « Nuits ailleurs », au club des « Donne ton pied ». De même pour Jacques Perrin l'insoumis, le solitaire, que Famous Grouse et margaux cette nuit l'immobilisent, car acteurs nous sommes, car acteurs nous jouons.

Jouons-nous ? Ce serait vilain de jouer ! Environs-nous d'exister, ne jouons pas, regardons nos engelures.

Parfois, nous avons affaire à des œuvres, *Le Crabe-Tambour* de Pierre Schœndœrffer en est une. Dufilho, inlassablement, écoute les battements de cœur du *Jauréguiberry*, escorteur d'escadre. Claude Rich est le médecin de bord. Jacques Perrin écume les mers avec son chalutier pour se retrouver face à face avec le commandant qui va mourir, le commandant qui a manqué à sa parole, Perrin alors attend un mot, un repentir, un pardon, il ne les obtiendra pas.

C'est rien, c'est simple, c'est magnifique.

Seul « vivre » était possible devant Schœndœrffer, nous sommes avec lui, ivre de son œuvre et de ses tempêtes.

L'océan, ses colères, le silence des icebergs, l'étonnement des pingouins, on ne pouvait « jouer », nous le vivions, et notre chef opérateur, Raoul Coutard, à bon escient assombrissait les brouillards.

Schœndœrffer Pierre est mort, Dufilho Jacques est mort.

Coutard, Perrin, Rich et Rochefort ont des cheveux blancs.

« Où t'as mis le DVD ?
– Quel DVD ? »

« Ton père aussi était costaud. Les Guillot aussi du côté de ta mère, mais du côté de ton père – ton père le premier –, ils étaient gourmands de tout, de tout ! Tu vois ce que je veux dire ?

Et ton arrière-grand-mère, ça je l'ai lu dans le journal de Dinan, savait, à la veillée, raconter de belles histoires. Les voisins venaient la voir et l'entendre, rien que pour ça, pour ses souvenirs et les histoires qu'elle inventait, ça t'a peut-être aidé, toi, qui sait ?... »

Oscar crache dans le caniveau. Un crachat conséquent.

« Excuse-moi mais, maintenant, je chique. On t'a raconté l'histoire de Guillot, qui était là, juste en face ?

– Quelle histoire ?

– L'histoire de ton grand-oncle Guillot, pas feignant lui non plus.

– Non.

– Ah bon ? Eh bien, il s'était marié avec une fille de Plancoët qui avait vingt ans de moins que lui. Il travaillait en haut, à l'atelier, c'est là qu'il réparait les chaussures. Sa femme, bien gentille, vendait les chaussures dans le magasin en dessous. Heureusement, il y avait un escalier en colimaçon qui reliait les deux, le magasin et l'atelier.

Été comme hiver, il gardait les fenêtres ouvertes et, trois, quatre fois par jour – tous les anciens te le diront –, toute la rue entendait ton grand-oncle Guillot, qui aurait quand même pu parler moins fort, crier : "Sélénie, monte en hhhaut, la nature me commande !" »

Un temps ici pour le rire et le silence.

« Et sinon, t'es là pour longtemps ?

– Non, je rentre à la fin du mois d'août. »

Dans le nord de la France, nous allons chercher un chiot basset artésien en Rolls Royce. Depuis qu'elle est acquise, Noiret Philippe est toujours en haillons, adieu liquettes de chez Charvet et leurs écharpes évanescentes !

Jean effiloché, cheveux peace and love, méconnaissable. Leçon d'élégance de cet homme amoureux des cuirs, des matières, des fleurs, et des bottines. Heures de loisir à regarder travailler les artisans et leurs manières, amitié avec Balthus, peintre des petites filles sages derrière des rideaux de brume, amour perpétuel pour sa femme Monique Chaumette, reine du théâtre national populaire, perpétuel puisque, de quarante-sept ans, qui eurent été de cinquante-quatre à ce jour sans la bête immonde qui souvent se complaît à détruire les amants. De ma part, stupéfaction admirative de voir M. Noiret père, choisir ses cigarettes en fonction de ses apéritifs.

Cent kilos et mains onctueuses, à pieds, à cheval, au volant, homme de violence, de tendresse et de pudeur, le voici en haillons car la Rolls est splendide mais elle est d'occase.

Il peut arriver, dans le nord de la France, qu'un tracteur subitement traverse une nationale.

Comme un conseil, je suggère à Noiret de freiner, puis impérativement je l'en prie, puis l'œil dilaté, je hurle : « Freine ! » La voix d'avalanche calmement me répond : « Mais je freine mon grand. »

Un sagace coup de volant et une cinquantaine de mètres dans l'herbe opulente du bas flanc de la route nous épargneront le pire. À l'arrière, très loin, Monique Chaumette, l'aimée confiante et discrète, continuera à contempler les champs de houblons, l'amour est aveugle.

Grâce à notre héros aux mains onctueuses, nous voilà entourés de chiots de la race basset artésien, pattes courtes qui, hors nature, choisissent individuellement des promenades différentes. Grosses têtes et grandes gueules, regards de commisération sur le reste du monde.

L'un de ces petits chiots échange un regard avec Philippe. Arraché au sol, le voilà dans les bras du géant. Troublé je constate que leurs regards sont cousins, Monique aussi, puisqu'elle est acquise. Il s'appelle Philippe, il s'appellera Nonogre, Nonogre aurait pu s'appeler Philippe. Phílippos, l'ami des chevaux.

Les années passent grâce au sagace pilote, quelques rides supplémentaires pour ceux qui revinrent du nord, beaucoup pour Nonogre, aucune pour Monique, vous pourrez vérifier.

Philippe et moi faisons un film d'après un roman de Jean-Marc Roberts, comme c'est bizarre, bizarre...
« Vous avez dit bizarre, bizarre ?
– Moi j'ai dit bizarre ? Comme c'est bizarre. »
Le journal *Libération*, n'appréciant pas nos incarnations, piétine nos aïeux, nous voilà nommés par le vil torchon Noirot et Rochefaible, nous ne nous quitterons plus, jusqu'à ce que.

Dans nos cerveaux, le désir de l'autre ne passe jamais par le circuit de la réflexion, m'assène un jour, et un peu tard, le Dr Mamoudy, chirurgien et ami, ce qui n'est pas incompatible.

Il naît de l'olfactif, du tactile et aussi de la supposition du visible pour rassurer les fanas du SMS.

On peut ne pas être admis au concours de sortie du conservatoire municipal de Nantes.

On peut brusquement foncer à Paris, s'inscrire dans un cours, et conseiller à Annie Girardot qui me demande, inquiète, mon avis – à savoir doit-elle continuer à prendre des cours de théâtre, ou ne ferait-elle pas mieux de devenir assistante sociale puisqu'elle en a le diplôme –, et sans hésiter, lui conseiller l'assistance sociale : « Puisque tu te fagotes n'importe comment et en scène on ne comprend rien de ce que tu dis, crois-moi, sois raisonnable. »

On peut, au mois d'août en Bretagne, porter sur son dos des sacs d'oignons de glaïeuls, de cent ou deux cents livres au choix. Je choisis cent livres, bien que l'on soit payé au poids. On se croise, ceux qui descendent à vide, et ceux

qui montent, sacs d'oignons sur le dos. Un rou-
quin, plus jeune du tout, moustache également
rousse et celte, corps noueux comme un sarment,
chaque fois qu'il me croise, murmure : « Un gars
de 20 ans qui porte pas ses deux cents livres n'a
pas de couilles. » Trente fois par jour, pendant
trente jours.

On peut en septembre retourner à Paris, pro-
vincial transi, et déglingué encore plus.

On peut courageusement vouloir s'inscrire
au concours d'entrée du Conservatoire national
d'art dramatique.

On peut manquer d'audace et, figé, rester sur
le trottoir d'en face, de 14 à 18 heures, sans traverser la rue.

On peut à 18 h 01 la traverser, impulsive-
ment s'adresser à la préposée le cœur battant,
pour s'entendre répondre : « Ah non, ici c'est
le Conservatoire de musique, le Conservatoire
d'art dramatique, c'est rue du Conservatoire,
mais la cantine est la même, à l'Opéra. »

On peut, plus tard, être admis au Conservatoire national d'art dramatique et ne pas être
admis au concours de sortie du Conservatoire
national d'art dramatique.

On peut épouser une pianiste vierge, en l'église
de Saint-Lunaire, Ille-et-Vilaine, qui, après notre

nuit de noces, s'avérera être une nymphomane enthousiaste, mais exclusivement d'extérieur.

On peut, désespéré, abandonner le domicile conjugal, atterrir dans un hôtel près des Folies-Bergère, téléphoner immédiatement à la nymphomane pour lui confier mon adresse en cas de nécessité, et me retrouver le lendemain en tête-à-tête avec un huissier faisant acte, à ma grande stupéfaction, d'abandon de domicile.

On peut enfin être engagé pour un petit rôle dans une tragédie nordique du XVIe siècle, où on interprètera un cardinal nordique.

On peut, le lendemain de la première, acheter un journal, se précipiter sur la page « Spectacles », et lire, brûlant d'impatience, la critique de la tragédie nordique, qui, à première vue, semble courte :

« *À un moment, un cardinal nordique, pratiquement pubère, dit au jeune premier, en lui posant la main sur l'épaule : "Viens, mon fils, ne restons pas ici", j'en ai profité pour sortir.* »
Max Favalelli, *Paris-Presse*

On peut alors s'aliter, avoir quelques doutes sur ses capacités d'adaptation à l'existence.

On peut se lever de moins en moins.

On peut voir arriver un copain qui, lui, a eu un prix au Conservatoire, un vrai copain, Marielle, et lui dire : « Tu vois, là, j'ai une audition dans un théâtre cet après-midi, je n'irai pas. »

On peut avoir un vrai copain qui répond : « Tu vas y aller ! » et qui, pendant plus de deux heures, tente de me persuader.

On peut répondre : « Non. »

On peut écouter l'inlassable Marielle dire : « Le bus est direct et je te donnerai la réplique. »

On peut alors se lever, enlever son pyjama cracra, se raser, s'habiller, et prendre le bus avec Marielle.

On peut être engagé après l'audition et rester sept ans dans une troupe qu'on admire.

On peut, à cet âge-là, dire discrètement à son copain : « Merci. »

On peut attendre soixante ans pour dire à son ami : « C'est grâce à toi que la vie dont je rêvais a commencé. Merci. »

REMERCIEMENTS

Mes remerciements vont à Thora Mahdavi, Madjid Koochek, Mme Britès, Rufus, Albert Willemetz, Julien Rochefort, Ronan Allain, Christelle, Christophe Keerhem (patron du Porquerollais), Daniel Fagart, Dr Patrick Mamoudy, Stéphane Mandard, Lionel Suarez, Vito Ferreri, Elizabeth II – reine d'Angleterre –, Dr Thierry Jean, Hélène Vaultier, Atmen Kelif, Vincent Delerm, Édouard Baer, Audiard, Jacques Perrin, Debora Delorme Kahn-Sriber.

CRÉDITS

pp. 23-24 : Deux mosaïques provenant de la salle des « Dix jeunes filles en bikini », Villa impériale du Casale, Piazza Armerina, Sicile, Italie. IVe siècle av. J.-C. © The Bridgeman Art Library.

p. 65 : Collection personnelle de l'auteur. © D. R.

p. 95 : Dessin de l'auteur. © D. R.

p. 151 : Dead American Soldier. © Corbis Images.

p. 157 : Collection personnelle de l'auteur. © D. R.

p. 164 : Photogramme du film *Océans* de Jacques Perrin et Jacques Cluzaud. © Galatée Films.

Cet ouvrage a été composé
par Nord Compo à Villeneuve-d'Ascq
et achevé d'imprimer en novembre 2013
sur Roto-Page
par l'Imprimerie Floch à Mayenne
pour le compte des Éditions Stock
31, rue de Fleurus, 75006 Paris

Stock s'engage pour
l'environnement en réduisant
l'empreinte carbone de ses livres.
Celle de cet exemplaire est de :
850 g éq. CO_2
PAPIER À BASE DE   Rendez-vous sur
FIBRES CERTIFIÉES   www.editions-stock-durable.fr

Imprimé en France

Dépôt légal : novembre 2013
N° d'édition : 03 – N° d'impression : 85771
54-07-8345/8